CURSUS 2

Begleitgrammatik
Ausgabe B

Herausgegeben von Prof. Dr. Friedrich Maier und
Dr. Stephan Brenner

Verfasst von Britta Boberg und Prof. Dr. Friedrich Maier
unter Mitarbeit von Reinhard Bode,
Dr. Stephan Brenner, Prof. Andreas Fritsch,
Michael Hotz, Wolfgang Matheus, Ulrike Severa,
Hans Dietrich Unger, Dr. Sabine Wedner-Bianzano,
Andrea Wilhelm

Berater: Hartmut Grosser

Oldenbourg C. C. Buchner Lindauer

CURSUS – Dreibändiges Unterrichtswerk für Latein

herausgegeben von Prof. Dr. Friedrich Maier und Dr. Stephan Brenner
und bearbeitet von
Britta Boberg, Reinhard Bode, Dr. Stephan Brenner, Prof. Andreas Fritsch, Michael Hotz,
Prof. Dr. Friedrich Maier, Wolfgang Matheus, Ulrike Severa, Hans Dietrich Unger,
Dr. Sabine Wedner-Bianzano, Andrea Wilhelm

Berater: Hartmut Grosser

Illustrationen: Michael Heinrich, München

Umschlagfotos vorne: Salvador Dalí, Foundation Gala-Salvador Dalí/VG Bild-Kunst, Bonn 2004 – VICTORY/
De Angelis Produktion „Julius Caesar", Kaufbeuren – Dr. Peter Grau, Eichstätt
hinten: Reinhard Bode, Mechterstädt – Skulpturensammlung Dresden/Albertinum

Das Papier ist aus chlorfrei gebleichtem Zellstoff hergestellt, ist säurefrei und recyclingfähig.

© 2005 Oldenbourg Schulbuchverlag GmbH, München, Düsseldorf, Stuttgart
www.oldenbourg-bsv.de
C.C. Buchners Verlag, Bamberg
www.ccbuchner.de

Das Werk und seine Teile sind urheberrechtlich geschützt. Jede Nutzung in anderen als den gesetzlich
zugelassenen Fällen bedarf der vorherigen schriftlichen Einwilligung des Verlages.
Hinweis zu § 52 a UrhG: Weder das Werk noch seine Teile dürfen ohne eine solche Einwilligung eingescannt
und in ein Netzwerk eingestellt werden. Dies gilt auch für Intranets von Schulen und sonstigen Bildungs-
einrichtungen.

1. Auflage 2005 R E
Druck 09 08 07 06 05
Die letzte Zahl bezeichnet das Jahr des Drucks.
Alle Drucke dieser Auflage sind untereinander unverändert und im Unterricht nebeneinander verwendbar.

Umschlagkonzept: Mendell & Oberer, München
Umschlag: Groothuis, Lohfert, Consorten GmbH, Hamburg
Lektorat: Andrea Forster, Cornelia Franke (Assistenz)
Herstellung: Johannes Schmidt-Thomé
Satz und Reproduktionen: Setzerei Vornehm GmbH, München
Druck: Oldenbourg Graphische Betriebe GmbH, Kirchheim

ISBN 3-486-**80882**-6 (Oldenbourg Schulbuchverlag)
 3-7661-**5317**-X (C. C. Buchners Verlag)
 3-87488-**382**-5 (J. Lindauer Verlag)

Weiter geht's durchs Grammatikland!

Deine „Reise" durch die einzelnen Lektionen führt dich weiter durch die *terra grammatica*. Du hast bereits eine weite Strecke zurückgelegt. Dabei haben dich die beiden Reiseführer **Syntia** und **Formatus** sicher durch das manchmal etwas unwegsame Gelände geführt, wobei die eine dir das Gebiet der **Satzlehre** (**Syntax**), der andere das Gebiet der **Formenlehre** anzeigte. Beide werden deine Begleiter bleiben.
Damit du mit deinem grammatischen Reisehandbuch auch in diesem Schuljahr richtig umgehen kannst, erfährst du hier nochmals alles über seinen Aufbau und die darin enthaltenen Erklärungen.

Syntia   Formatus

1. Den Grammatikstoff einer Lektion findest du jeweils im entsprechenden Kapitel erklärt.
2. Am Anfang jedes Kapitels findest du die GRAMMATISCHE ERKLÄRUNGSTAFEL. Dort sind in **kurzer Form** die grammatischen Neuerscheinungen vorgestellt, die am wichtigsten sind. Diese solltest du dir für deinen Weg durchs Grammatikland unbedingt einprägen. Der Abschnitt **S** enthält Erklärungen zur Syntax, der Abschnitt **F** zur Formenlehre. Als Hilfe für ein besseres Verständnis dienen dir hier **zwei graphische Modelle**.
Das erste **Modell** (in **S**) veranschaulicht dir den **Aufbau des Satzes**. Schritt für Schritt macht es dich mit seinen **Bauteilen** bekannt.
Das zweite **Modell** (in **F**) zeigt dir, aus welchen Elementen (**Bausteinen**) die **Wörter zusammengesetzt** sind. Schnell kannst du hier erkennen, dass die einzelnen Bausteine verschieden aussehen können.
3. Im Anschluss an die Erklärungstafel wird die SYSTEMATISCHE STOFFDARBIETUNG geboten. Hier wird dir der neue Grammatikstoff **ausführlich** vorgestellt. Anhand von **lateinischen Sätzen** mit ihren Übersetzungen kannst du **selbstständig** die neuen **Regeln erschließen**.
Sie werden dir im Anschluss als neue Erkenntnisse („Du erkennst…") präsentiert.
Buttons signalisieren dir die wichtigsten Merkmale.
Tabellen und **Merkkästen** stellen dir den Lernstoff geordnet und übersichtlich zusammen.
4. Im Anhang findest du ÜBERSICHTSTABELLEN zum ganzen im Lauf der ersten beiden Lernjahre behandelten **Grammatikstoff**, besonders aus dem Bereich der **Formenlehre**. Der Syntax-Stoff des ersten Lernjahres wird dir in Kurzform geboten. Hier kannst du dich schnell informieren, wenn du auf deinem Weg Unsicherheiten bemerkst oder den Stoff wiederholen möchtest.

Dieses Buch soll dir sowohl als Arbeitsbuch während des laufenden Unterrichts als auch als Nachschlagewerk bei Hausaufgaben oder zur Prüfungsvorbereitung dienen. Mithilfe des ausführlichen SACHVERZEICHNISSES wirst du gewiss schnell finden, was du gerade suchst.

Inhalt

			Seite
	Weiter geht's durchs Grammatikland!		3
	Grammatische Grundbegriffe		6
Lektion	Formenlehre	Satzlehre	
21	ē-Deklination		7
		Genitiv und Ablativ der Beschaffenheit	
22	Adverbien; HIC/HAEC/HOC		9
		Verwendung: Demonstrativ-Pronomen	
23	Partizip Perfekt Passiv (PPP); Perfekt Passiv		11
		Verwendung; Genitiv zur Angabe des „Subjekts" und „Objekts"	
24	Plusquamperfekt/Futur II Passiv		14
		Relativischer Satzanschluss	
25		Partizip Perfekt Passiv als Attribut/ Subjekt/Objekt und als Adverbiale: Participium coniunctum (PC: Partizip der Vorzeitigkeit)	16
26	Passiv im Präsensstamm: Präsens/Imperfekt/Futur I; Infinitiv Präsens Passiv		20
		Verwendung im AcI; doppelter Akkusativ; dramatisches Präsens	
27	u-Deklination; ILLE/ILLA/ILLUD		24
		Verwendung: Demonstrativ-Pronomen	
28	Partizip Präsens Aktiv (PPA);	Partizip Präsens Aktiv als Attribut/ Subjekt/Objekt und als Adverbiale: Participium coniunctum (PC: Partizip der Gleichzeitigkeit); Verwendung: adjektivisches Interrogativ-Pronomen	26
	QUI/QUAE/QUOD		
29	Konjunktiv Präsens Aktiv		31
		Konjunktivische Gliedsätze	
30	Konjunktiv Perfekt Aktiv; Konjunktiv Präsens und Perfekt Passiv		34
		Zeitverhältnis im konjunktivischen Gliedsatz (Präsens: Konjunktiv I der Gleichzeitigkeit/Perfekt: Konjunktiv I der Vorzeitigkeit); mehrdeutiges CUM	
31	Konjunktiv Imperfekt; Konjunktiv Plusquamperfekt		38
		Zeitverhältnis im konjunktivischen Gliedsatz (Imperfekt: Konjunktiv II der Gleichzeitigkeit/Plusquamperfekt: Konjunktiv II der Vorzeitigkeit); mehrgliedriges Satzgefüge	
32		Irrealis der Gegenwart und der Vergangenheit	42
33	FERRE		44
34		Ablativus absolutus (Abl. abs.) mit PPP (Partizip der Vorzeitigkeit): Vorzeitigkeit; Dativ des Vorteils/Zwecks	46

35		
		Ablativus absolutus (Abl. abs.) mit PPA (Partizip der Gleichzeitigkeit): Gleichzeitigkeit; Ablativus absolutus (Abl. abs.) in nominalen Wendungen; NE nach Ausdrücken des Fürchtens	50
36		
		Ablativus absolutus (Zusammenfassung); Verwendung: Demonstrativ-Pronomen	54
	IPSE/IPSA/IPSUM	
	Arbeiten am Text	56
	Syntaxzusammenfassung 1–20	60

Tabelle

		Zur Formenlehre des Nomens	
I		DEKLINATIONEN	
1–3		Deklination der Substantive	63
4–5		Deklination der Adjektive	64
II		PRONOMEN	
	1	Personal-Pronomen	65
	2	Possessiv-Pronomen	65
	3	Demonstrativ-Pronomen	65
	4	Relativ-Pronomen	66
	5	Interrogativ-Pronomen	67
III		NUMERALIA	67
		Zur Formenlehre des Verbs	
IV		KONJUGATIONEN	
	1	Präsens, Imperfekt, Futur I Aktiv	68
	2	Präsens, Imperfekt, Futur I Passiv	69
	3	Perfekt, Plusquamperfekt, Futur II Aktiv	70
	4	Perfekt, Plusquamperfekt, Futur II Passiv	71
	5	Nominalformen des Verbs	72
V		TABELLE DER VERBEN	
	1	ā-Konjugation	72
	2	ē-Konjugation	72
	3	ī-Konjugation (langvokalisch)	74
	4	Konsonantische Konjugation	74
	5	ĭ-Konjugation (kurzvokalisch)	77
VI		SONDERKONJUGATIONEN	
	1	ESSE, POSSE, IRE	78
	2	Komposita von ESSE	79
	3	Komposita von IRE	79
	4	VELLE, NOLLE	79
	5	FERRE/FERRI	80
	6	Nominalformen von FERRE	80
	7	Komposita von FERRE	80
	8	Formelhafte Verben	80
VII		PRÄPOSITIONEN	81
VIII		SATZVERBINDUNGEN	
	1	Konjunktionen in der Satzreihe	82
	2	Subjunktionen im Satzgefüge	83
IX		NEGATIONEN	84
X		MEHRDEUTIGE SATZEINLEITUNGEN	84
XI		SATZGLIEDER IM SATZMODELL	85

Sachverzeichnis — 86

Grammatische Grundbegriffe

S Satzlehre:

1. **Subjekt** (Satzgegenstand)
2. **Prädikat** (Satzaussage)
3. **Objekt** (Satzergänzung)
4. **Adverbiale** (Umstandsbestimmung)
5. **Attribut** (Beifügung)

F Formenlehre:

1 Wortarten
1.1 Veränderliche Wörter

Fachbegriff	deutscher Begriff	Beispiel
Nomina:		
Substantiv	Namen-/Hauptwort	amīca
Adjektiv	Eigenschaftswort	bonus, -a, -um
Artikel	Geschlechtswort	–
(Pronomen)	(Fürwort)	
Demonstrativ-Pronomen	hinweisendes Fürwort	is, ea, id
Interrogativ-Pronomen	fragendes Fürwort	quis?
Personal-Pronomen	persönliches Fürwort	ego
Possessiv-Pronomen	besitzanzeigendes Fürwort	meus, -a, -um
Reflexiv-Pronomen	rückbezügliches Fürwort	sē
Relativ-Pronomen	bezügliches Fürwort	quī, quae, quod
Numerale	Zahlwort	duo, duae, duo
Verb	Tätigkeits-/Zeitwort	dīcere

1.2 Unveränderliche Wörter

Fachbegriff	deutscher Begriff	Beispiel	Fachbegriff	deutscher Begriff	Beispiel
Präposition	Verhältniswort	per	Subjunktion	unterordnendes Bindewort	cum
Adverb	Umstandswort	citō	Interjektion	Ausrufewort	ecce!
Konjunktion	beiordnendes Bindewort	sed	Negation	Verneinungswort	nōn

2 Erscheinungsformen des Wortes
2.1 Substantiv/Adjektiv

Kasus (Fall)	Numerus (Zahl)	Genus (Geschlecht)
Nominativ (Wer-/Was-Fall)	Singular (Einzahl)	Maskulinum (männlich)
Genitiv (Wessen-Fall)	Plural (Mehrzahl)	Femininum (weiblich)
Dativ (Wem-Fall)		Neutrum (sächlich)
Akkusativ (Wen-/Was-Fall)		
Ablativ		
Vokativ (Anredefall)		

2.2 Verb

Person	Numerus (Zahl)	Modus (Aussageweise)	Tempus (Zeit)	Genus (Geschlecht)
1. (ich/wir)	Singular (Einzahl)	Indikativ (Wirklichkeitsform)	Präsens	Aktiv (Tatform)
2. (du/ihr)	Plural (Mehrzahl)	Konjunktiv (Möglichkeitsform)	Imperfekt	Passiv (Leideform)
3. (er, sie, es/sie)		Imperativ (Befehlsform)	Futur I	
			Perfekt	
			Plusquamperfekt	
			Futur II	
Infinitiv (Grundform)				
Partizip (Mittelwort)				

ē-Deklination – Genitiv und Ablativ der Beschaffenheit

Du kennst bereits
- Substantive mit dem Kennvokal -ā- wie *amic-ā-s* (ā-Deklination),
- Substantive mit dem Kennvokal -o- wie *amic-ō-s* (o-Deklination).

Nun lernst du **Substantive** mit dem **Kennvokal -ē-** kennen, der zwischen Bedeutungsteil und Kasus-Zeichen tritt. Diese Substantive gehören deshalb zur **ē-Deklination**.

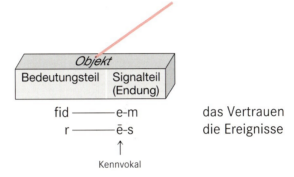

fid——e-m	das Vertrauen
r——ē-s	die Ereignisse

1 ē-Deklination

Unus ē Trōiānīs:	*Einer der Troianer sagt:*
① *Graecīs* **fidem** *nōn habeō; nam dolō pūgnant.*	Zu Griechen habe ich kein **Vertrauen**; denn sie kämpfen mit List.
② *Itaque* **māgnam spem** *nōn iam habeō.*	Deshalb habe ich keine große **Hoffnung** mehr.
③ *Nōbīs* **rēs adversae** *īnstant.*	Uns droht **Unglück** (drohen **widrige Ereignisse**).

1.1 Erscheinungsform

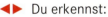 Du erkennst:
1. Zur ē-Deklination gehören die Formen: *fidem, spem, rēs*.
2. Substantive der **ē-Deklination** sind in der Regel **Feminina**:
   ② *māgnam spem* „die große Hoffnung", ③ *rēs adversae* „widrige Ereignisse, Unglück".
3. Die Substantive der ē-Deklination haben folgende Signalteile:

	Singular	Plural
Nom.	-ēs	-ēs
Gen.	-eī	-ērum
Dat.	-eī	-ēbus
Akk.	-em	-ēs
Abl.	-ē	-ēbus

Der **Kennvokal -e-** tritt in allen Kasus auf.

Grammatik 21

1.2 Deklinationsschema

	Singular *die/eine Sache*	Plural *(die) Sachen*
Nom.	r-ēs	r-ēs
Gen.	r-eī	r-ērum
Dat.	r-eī	r-ēbus
Akk.	r-em	r-ēs
Abl.	r-ē	r-ēbus

2 Genitiv und Ablativ der Beschaffenheit

①	Graecī Trōiam petīvērunt; sed mūrī **ingentī māgnitūdine**[1] eōs in urbem invādere prohibuērunt.	Die Griechen griffen Troia an; doch **riesengroße** Mauern (Mauern **von gewaltiger Größe**) hinderten sie daran, in die Stadt einzudringen.
②	Unus ē Graecīs, vir **summae prūdentiae**, Trōiānōs dolō superāvit.	Einer der Griechen, ein **sehr kluger** Mann (ein Mann **von höchster Klugheit**), hat die Troianer durch List besiegt.
③	Trōiānī, etsī **māgnā vī corporis** erant, patriam suam nōn servāvērunt.	Die Troianer haben, auch wenn sie **bärenstark** (**von großer Körperkraft**) waren, ihre Heimat nicht gerettet.

[1] **māgnitūdō, -inis** f (→ **māgnus**): Größe

◀▶ Du erkennst:
1. Sowohl der Genitiv als auch der Ablativ kann die **Beschaffenheit** einer Person oder Sache ausdrücken.
2. Im Satz können
   – der Genitiv und der Ablativ der Beschaffenheit das Bauteil **Attribut** bilden: *mūrōs ingentī māgnitūdine* „riesengroße Mauern" ①, *vir summae prūdentiae* „ein **sehr kluger** Mann" ②;
   – der Genitiv und der Ablativ der Beschaffenheit in Verbindung mit einer Form von *esse* das Bauteil **Prädikatsnomen** bilden: *māgnā vī corporis erant* „sie waren bärenstark" ③.
3. Im **Deutschen** kann dieser Genitiv bzw. Ablativ auf zwei Arten wiedergegeben werden:
   – **attributiv**: ein **sehr kluger** Mann ②, **bärenstark** ③;
   – als **präpositionale Verbindung**: ein Mann **von höchster Klugheit** ②, **von großer Körperkraft** sein ③.

Merke dir folgende Wendungen:

vir summae prūdentiae	ein **sehr kluger** Mann/ein Mann **von höchster Klugheit**
virgō ēgregiā fōrmā	ein **wunderschönes** Mädchen/ein Mädchen **von herausragender Schönheit**
summae hūmānitātis esse	**sehr gebildet**/**von höchster Bildung** sein
māgnā vī corporis esse	**bärenstark**/**von großer Körperkraft** sein

2 Adverbien – Demonstrativ-Pronomen HIC, HAEC, HOC

S

Im Bauwerk des Satzes begegnet dir häufig auch das **Adverb**. Es bildet das Bauteil **Adverbiale**. Du kennst bereits Adverbien wie *diū* „lange" und *iterum* „wieder".
Es gibt aber auch **Adverbien**, die **von Adjektiven** gebildet werden, z. B. *vērē* „wahrheitsgemäß", *libenter* „gern".

Homērus   fortūnam   Trōiae   diū/iterum/vērē/libenter nārrat.

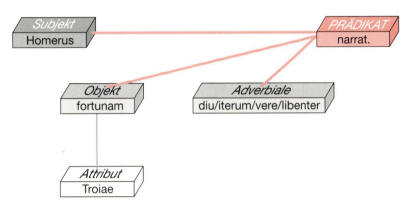

Homer erzählt das Schicksal Troias lange/wiederholt/wahrheitsgemäß/gerne.

F

Von Adjektiven werden Adverbien folgendermaßen gebildet:

ā-/o-Deklination	Kons. Deklination
Adverbiale: Bedeutungsteil + Signalteil	Adverbiale: Bedeutungsteil + Signalteil
vēr —— ē wahrheitsgemäß	libent —— er gern
	ācr —— iter heftig

1 Adverbien

①	Nūntius cīvibus dē rēbus adversīs nōn **libenter**, sed **vērē** nārrāvit.	Der Bote erzählte den Bürgern nicht **gern**, aber **wahrheitsgemäß** vom Unglück.
②	**Graviter** eīs dīxit: „Date auxilium miserīs!"	**Ernst** sagte er (zu) ihnen: „Helft (Gebt Hilfe) den Unglücklichen!"
③	Cīvēs **libenter** et **bene** pāruērunt.	Die Bürger gehorchten **gern** und **gut**.

1.1 Erscheinungsform

◀▶ Du erkennst:
1. Von Adjektiven können Adverbien gebildet werden.
2. Es gibt **verschiedene Bildungsweisen** des Adverbs.
3. Adverbien werden **nicht dekliniert**.

Adverb
-ē
-iter
-er

1.2 Bildung

	Nominativ	Bedeutungsteil	Adverb	deutsche Übersetzung
ā-/o-Dekl.	vērus	vēr-	vēr-ē	wahrheitsgemäß
	bonus	bon-	*aber:* ben-**e**	gut
	miser	miser-	miser-ē	elend
	pulcher	pulchr-	pulchr-ē	schön
Kons. Dekl.	gravis	grav-	grav-**iter**	ernst(haft)
	fēlīx	fēlīc-	fēlīc-**iter**	glücklich, erfolgreich
	ācer	ācr-	ācr-**iter**	heftig, scharf
	libēns	libent-	libent-**er**	gern

◀▶ Du erkennst:
Die Adjektive der **ā-/o-Deklination** bilden das Adverb auf **-ē**, die Adjektive
der **Konsonantischen Deklination** auf **-iter** oder auf **-er**, wenn der Bedeutungsteil auf **-nt-** endet.

2 Demonstrativ-Pronomen HIC, HAEC, HOC
2.1 Deklinationsschema

	Lateinisch						Deutsch			
	Singular			Plural			Singular			Plural
	m	f	n	m	f	n	m	f	n	
Nom.	hic	haec	hoc	hī	hae	haec	dieser	diese	dieses	diese
Gen.	**huius**	**huius**	**huius**	hōrum	hārum	hōrum	dieses	dieser	dieses	dieser
Dat.	**huic**	**huic**	**huic**	hīs	hīs	hīs	diesem	dieser	diesem	diesen
Akk.	hunc	hanc	hoc	hōs	hās	haec	diesen	diese	dieses	diese
Abl.	cum hōc	cum hāc	hōc	cum hīs	cum hīs	hīs	mit diesem	mit dieser	mit diesem	mit diesen

2.2 Verwendung

①	**Hic** est locus, ubī Paris et Helena vīvunt.	**Dies** ist der Ort, wo Paris und Helena leben.
②	**Haec** est urbs, in quā Priamus rēgnum tenet.	**Dies** ist die Stadt, in der Priamus herrscht.
③	**Hī** sunt mūrī Trōiae.	**Dies** sind die Mauern Troias.
④	**Huius** urbis vim frangēmus.	Die Macht **dieser** Stadt werden wir brechen.
⑤	**Hōs** Trōiānōs armīs nostrīs superābimus.	**Diese** Troianer werden wir durch unsere Waffen besiegen.
⑥	**Hoc** imperium tollēmus.	**Dieses** Reich werden wir vernichten (beseitigen).
⑦	Trōia urbs māgna est; **haec** autem nōs numquam opprimet.	Troia ist eine große Stadt; **diese** wird uns aber niemals überwältigen.

◀▶ Du erkennst:
1. Das **Demonstrativ-Pronomen** *hic, haec, hoc* weist auf etwas hin, was dem Sprechenden unmittelbar vor Augen steht ① – ⑦.
2. In Verbindung mit einer Form von *esse* weist es auf ein **Substantiv** hin, das **im Satz** folgt. Mit diesem stimmt es in **Kasus**, **Numerus** und **Genus** überein (KNG-Kongruenz). Im **Deutschen** wird es aber stets mit „dies" wiedergegeben ① – ③.
3. Es weist auf etwas **kurz zuvor Genanntes** hin: „diese" (nämlich: „die große Stadt") ⑦.

23 Partizip Perfekt Passiv (PPP) – Perfekt Passiv – Genitiv zur Angabe des „Subjekts" und „Objekts"

Bisher hast du die **aktive Verwendung** der Verben kennen gelernt, z. B. *servat* „er rettet", *servāvit* „er hat gerettet". Von den meisten Verben kann aber auch das **Passiv** gebildet werden, z. B. **er wird gerettet** oder **er ist gerettet worden**.
Im Deutschen brauchst du zur Bildung des Passivs das Partizip II („gerettet"), im Lateinischen benötigt man für einige Tempora das **Partizip Perfekt Passiv (PPP)**:
servātus, -a, -um „gerettet".
In solchen Fällen ist das Prädikat aus einem **PPP** und einer Form von *esse* gebildet.

S Mit einer **Präsensform** von *esse* bildet das **PPP** das **Perfekt Passiv**:

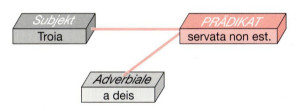

Troia ist von den Göttern nicht gerettet worden.

Das PPP stimmt dabei in **Kasus**, **Numerus** und **Genus** mit dem **Subjekt des Satzes** überein (**KNG-Kongruenz**).

F Das **Perfekt Passiv** ist gekennzeichnet durch das **PPP** sowie eine **Präsensform** von *esse*.

PRÄDIKAT		
Bedeutungsteil PPP	Signalteil (Präsensform von *esse*)	
servātus	est	er ist gerettet worden/wurde gerettet
servātī	sunt	sie sind gerettet worden/wurden gerettet

1 Partizip Perfekt Passiv
1.1 Erscheinungsform

Inf. Präs. Akt.	PPP		
servā――re	servā――t-us, -a, -um		gerettet
audī――re	audī――t-us, -a, -um		gehört
cape――re	cap――t-us, -a, -um		erobert
movē――re	mō――t-us, -a, -um		bewegt
monē――re	moni――t-us, -a, -um		ermahnt
relinqu-e――re	relic――t-us, -a, -um		zurückgelassen
incend-e――re	incēn――s-us, -a, -um		entflammt
iubē――re	ius――s-us, -a, -um		beauftragt

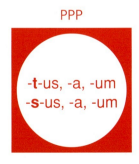

PPP

-**t**-us, -a, -um
-**s**-us, -a, -um

◀▶ Du erkennst:
Das Kennzeichen für das Partizip Perfekt Passiv (PPP-Zeichen) ist *-t-* oder *-s-*; an dieses treten die Endungen der Adjektive der ā-/o-Deklination: *-us/-a/-um*.

1.2 Stammformen-Reihe

Das PPP gehört zur Reihe der **Stammformen** eines Verbs. Diese **Stammformen-Reihe** soll dir ein **Ordnungsraster** beim Lernen der Verben sein. Nachfolgend ist dafür jeweils ein Verb aus den sechs verschiedenen Perfekt-Bildungen als Beispiel angeführt.
Die Stammformen aller Verben findest du in Tab. V1-5.

Perfekt-Bildung mit -v-
| amō | amāvī | amātum | amāre | lieben; verliebt sein |

Perfekt-Bildung mit -u-
| terreō | terruī | territum | terrēre | (*jmdn.*) erschrecken |

Perfekt-Bildung mit -s-
| sentiō | sēnsī | sēnsum | sentīre | fühlen; merken; meinen |

Perfekt-Bildung durch Dehnung
| capiō | cēpī | captum | capere | (ein)nehmen, erobern; (er)fassen, (er)greifen |

Perfekt-Bildung durch Reduplikation
| tangō | tetigī | tāctum | tangere | berühren |

Perfekt-Bildung ohne Veränderung
| statuō | statuī | statūtum | statuere | beschließen, entscheiden; aufstellen; festsetzen |

2 Perfekt Passiv

2.1 Erscheinungsform

◀▶ Das **Perfekt Passiv** erkennst du am

| Partizip Perfekt Passiv (PPP) | + | Präsensformen von ESSE: *sum*, *es* usw. |

2.2 Konjugationsschema

	Lateinisch		Deutsch
Sg.	servātus, -a, -um	sum es est	ich bin gerettet worden/wurde gerettet du bist gerettet worden/wurdest gerettet er, sie, es ist gerettet worden/wurde gerettet
Pl.	servātī, -ae, -a	sumus estis sunt	wir sind gerettet worden/wurden gerettet ihr seid gerettet worden/wurdet gerettet sie sind gerettet worden/wurden gerettet
Infinitiv	servātum, -am, -um/ -ōs, -ās, -a	esse	gerettet worden (zu) sein

2.3 Verwendung

①	Trōia ā Graecīs petīta et capta est.	Troia ist von den Griechen angegriffen und erobert worden.
②	Multōs hominēs ā Graecīs necātōs esse scīmus.	Wir wissen, dass viele Menschen von den Griechen getötet worden sind.

◀▶ Du erkennst:
1. Das Passiv drückt aus, dass jemand oder etwas von einer Handlung betroffen ist (**Troia** ist angegriffen worden ①, **viele Menschen** sind getötet worden ②).
2. Der **Täter einer Handlung** (der **Handelnde**) wird im Passiv durch *ā/ab* mit **Ablativ** angegeben ①, ②.
3. Genau wie das Perfekt Aktiv erfasst auch das Perfekt Passiv **Handlungen** und **Vorgänge** der **Vergangenheit**, die sich **nur einmal ereignet haben**, zum **Abschluss gekommen sind** oder als **Ergebnis mitgeteilt werden**.
4. Der **Infinitiv Perfekt Passiv** drückt in einem **AcI** die **Vorzeitigkeit** aus ②.

3 Genitiv zur Angabe des „Subjekts" und „Objekts"

①	Omnēs deī imperiō **Iovis** pārent.	Alle Götter gehorchen der Herrschaft **des Jupiter**.
②	Iūnō īrā **Trōiānōrum** incēnsa est.	Juno ist von Zorn **auf die Troianer** entbrannt.

◀▶ Du erkennst:
1. In beiden Sätzen liegt in den Verbindungen *imperiō Iovis* ① und *īrā Trōiānōrum* ② ein **Genitiv-Attribut** vor.
2. Im ersten Satz antwortet der Genitiv auf die Frage „**wessen?**". Die Wortverbindung *imperiō Iovis* „der Herrschaft **des Jupiter**" drückt aus, dass Jupiter herrscht. Jupiter ist somit das **Subjekt** der Herrschaft.
3. Im zweiten Satz antwortet der Genitiv auf die Frage „**worauf?**" oder „**auf wen oder was?**". Die Wortverbindung *īrā Trōiānōrum* „von Zorn **auf die Troianer**" drückt aus, dass die Troianer diejenigen sind, auf die sich der Zorn richtet. Die Troianer sind somit das **Objekt** des Zorns.
4. Der Genitiv dient also in ① zur **Angabe des „Subjekts"** (Genitivus subiectivus), in ② zur **Angabe des „Objekts"** (Genitivus obiectivus).

Merke dir:

Genitiv zur Angabe des „Subjekts"	
auxilium deōrum	die Hilfe **der Götter**
dolor Dīdōnis	**Didos** Schmerz
auctōritās imperātōris	das Ansehen **des Kaisers**
Genitiv zur Angabe des „Objekts"	
imperātor hominum	der Herrscher **über** die Menschen
sīgnum spectāculī	das Zeichen **zum** Schauspiel
spēs salūtis	die Hoffnung **auf** Rettung

24 Plusquamperfekt/Futur II Passiv – Relativischer Satzanschluss

F1 Das **Plusquamperfekt Passiv** ist gekennzeichnet durch das **PPP** sowie eine **Imperfektform** von *esse*.

servātus	erat	er war gerettet worden
servātī	erant	sie waren gerettet worden

F2 Das **Futur II Passiv** ist gekennzeichnet durch das **PPP** sowie eine **Futurform** von *esse*.

servātus	erit	er wird gerettet worden sein
servātī	erunt	sie werden gerettet worden sein

S Du weißt, dass ein Relativ-Pronomen einen Hauptsatz mit einem untergeordneten Satz, einem Relativsatz, verbindet:

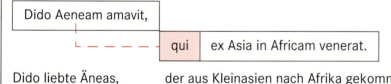

Dido liebte Äneas,   der aus Kleinasien nach Afrika gekommen war.

Der **Relativsatz** kann aber auch zu einem **selbstständigen Hauptsatz** werden.

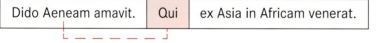

Dido liebte Äneas.   **Dieser** war aus Kleinasien nach Afrika gekommen.

Das Relativ-Pronomen stellt eine enge Verbindung der beiden Hauptsätze her. Diese Erscheinung heißt **relativischer Satzanschluss**.

1 Plusquamperfekt Passiv
1.1 Erscheinungsform

◀▶ Das **Plusquamperfekt Passiv** erkennst du am

| Partizip Perfekt Passiv (PPP) | + | Imperfektformen von ESSE: *eram*, *erās* usw. |

1.2 Konjugationsschema

	Lateinisch		Deutsch
Sg.	servātus, -a, -um	eram	ich war gerettet worden
		erās	du warst gerettet worden
		erat	er, sie, es war gerettet worden
Pl.	servātī, -ae, -a	erāmus	wir waren gerettet worden
		erātis	ihr wart gerettet worden
		erant	sie waren gerettet worden

2 Futur II Passiv

2.1 Erscheinungsform

◄► Das **Futur II Passiv** erkennst du am

| Partizip Perfekt Passiv (PPP) | + | Futurformen von ESSE: *erō*, *eris* usw. |

2.2 Konjugationsschema

	Lateinisch		Deutsch
Sg.	servātus, -a, -um	erō	ich werde gerettet worden sein
		eris	du wirst gerettet worden sein
		erit	er, sie, es wird gerettet worden sein
Pl.	servātī, -ae, -a	erimus	wir werden gerettet worden sein
		eritis	ihr werdet gerettet worden sein
		erunt	sie werden gerettet worden sein

3 Relativischer Satzanschluss

①	Ulixēs *sociōs* suōs quaesīvit.	Odysseus suchte seine *Gefährten*.
	Quōs invenīre nōn poterat.	Er konnte **diese** nicht finden.
②	**Quam ob rem** cūrīs nōn vacābat.	**Deshalb** (**Wegen dieser Sache**) machte er sich Sorgen (war er nicht frei von Sorgen).

◄► Du erkennst:
1. Das **Relativ-Pronomen** stellt als **relativischer Satzanschluss** jeweils eine enge Verbindung zum vorausgehenden Satz her.
   Im **Deutschen** wird es mit dem **Demonstrativ-Pronomen** „dieser, diese, dieses" wiedergegeben.
2. Das Relativ-Pronomen kann sich auf ein einzelnes Wort ① oder auf die ganze Aussage des vorausgehenden Satzes beziehen ②.

25 Partizip Perfekt Passiv als Attribut/Subjekt/Objekt und als Adverbiale: Participium coniunctum (PC)

Du weißt, dass das PPP im Bauwerk des Satzes mit einer Form von *esse* das Bauteil Prädikat bildet. Das **PPP** kann aber auch **ohne** eine Form von *esse* verwendet werden:

Urbs ā Rōmulō **condita** citō crēvit.

① Die von Romulus **gegründete** Stadt wuchs schnell.
② Die Stadt, **die** von Romulus **gegründet worden war**, wuchs schnell.
③ Die Stadt – von Romulus **gegründet** – wuchs schnell.
④ Die Stadt wuchs schnell, **nachdem sie** von Romulus **gegründet worden war**.

S1 Das **PPP** ... *condita* kann man als **nähere Bestimmung des Subjekts** *urbs* auffassen ①/②. Es bildet dann im Bauwerk des Satzes das Bauteil **Attribut**.

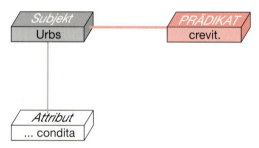

S2 Das **PPP** ... *condita* kann man aber auch als Ergänzung des Prädikates *crēvit* auffassen ③/④. Es gibt einen **näheren Umstand** (hier temporal: „nachdem") an. Im Bauwerk des Satzes bildet es das Bauteil **Adverbiale**.

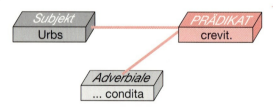

Das **PPP** hat im Satz meist ein **Bezugswort**, mit dem es in **Kasus**, **Numerus** und **Genus** übereinstimmt (**KNG-Kongruenz**). Es ist mit diesem Bezugswort gewissermaßen verbunden.
Wir sprechen deshalb von einem „verbundenen Partizip":

Participium coniunctum (PC)

1 Partizip Perfekt Passiv (PPP) als Attribut/Subjekt/Objekt

1.1 PPP als Attribut

Manchmal ist das PPP wie ein **Adjektiv** verwendet. Es bildet dann im Bauwerk des Satzes das Bauteil **Attribut**.

①	Quis urb**em** ā Rōmulō **conditam** īgnōrat?	Wer kennt die von Romulus **gegründete** Stadt/die Stadt, **die** von Romulus **gegründet worden ist**, nicht?
②	Nārrā mihī dē auxiliō ā deīs **datō**!	Erzähl mir von der Hilfe, **die** von den Göttern **gewährt (gegeben) worden ist**.

◀▶ Du erkennst:
1. Das **PPP** ist hier **ohne** eine Form von *esse* verwendet.
2. Es stimmt in **Kasus**, **Numerus** und **Genus** mit seinem **Bezugswort** überein (**KNG-Kongruenz**).
3. Im Deutschen wird es **wörtlich** ① oder mit einem **Relativsatz** ①/② wiedergegeben.

1.2 PPP als Subjekt oder Objekt

Manchmal ist das PPP auch wie ein **Substantiv** verwendet. Es bildet dann im Bauwerk des Satzes das Bauteil **Subjekt** oder **Objekt**.

①	**Mandāta** deōrum Rōmānīs nōn semper placēbant.	Die **Aufträge** der Götter gefielen den Römern nicht immer.
②	Quis **expositōs** servāvit?	Wer hat die **Ausgesetzten** gerettet?

◀▶ Du erkennst:
1. Das PPP ist hier **ohne** eine Form von *esse* verwendet.
2. Im **Deutschen** wird das PPP mit einem **Substantiv** wiedergegeben.

Merke dir:

factum	(das Getane)	**die Tat**
mandātum	(das Aufgetragene)	**der Auftrag**
dictum	(das Gesagte)	**das Wort**

Grammatik 25

2 Partizip Perfekt Passiv (PPP) als Adverbiale: Participium coniunctum (PC)

Das **PPP** ist meist so verwendet, dass man es als **Adverbiale** auffassen muss. In solchen Fällen bezeichnet man es als

> Participium coniunctum (PC) .

2.1 Erscheinungsform und Sinnrichtungen

① Multī hostēs **urbem** ā Rōmulō **conditam** invāsērunt.	Viele Feinde haben **die Stadt, nachdem sie** von Romulus **gegründet worden war**, angegriffen.
② Deī **urbī** ā cīvibus piīs **aedificātae** semper favēbant.	Die Götter waren **der Stadt, da sie** von frommen Bürgern **erbaut worden war**, immer gewogen.
③ **Rōma** ā populīs ingentibus **petīta** (tamen) numquam capta est.	Rom ist, **obwohl es** von gewaltigen Völkern **angegriffen worden war**, (dennoch) niemals erobert worden.

◀▶ Du erkennst:
1. Das PPP ist hier **ohne** eine Form von *esse* verwendet.
2. Es hat **immer** ein **Bezugswort**, mit dem es in **Kasus, Numerus** und **Genus** übereinstimmt. Durch die **KNG-Kongruenz** ist es mit seinem **Bezugswort** „verbunden".
3. Das PPP drückt immer einen Vorgang aus, der **vor der Handlung des Prädikates** abgelaufen ist (vgl. ①: *Zuerst ist die Stadt gegründet worden, dann erst haben die Feinde sie angegriffen*). Das **Zeitverhältnis** des PPP zum Prädikat ist somit **vorzeitig (Partizip der Vorzeitigkeit)**.
4. Das PPP gibt – als Adverbiale im Satz – einen **näheren Umstand** an; dieser kann **verschiedene Sinnrichtungen** haben:

① Zeit:	NACHDEM/ALS	*temporal*
② beachteter Grund:	WEIL/DA	*kausal*
③ nicht beachteter Grund:	OBWOHL	*konzessiv*

Die **zutreffende Sinnrichtung** muss jeweils aus dem **Textzusammenhang** erschlossen werden.

2.2 Übersetzungsweg

1. Urbs ā Rōmulō **condita** citō crēvit.

Hilfsübersetzung (wörtlich):
Die Stadt – von Romulus **gegründet** – wuchs schnell.
Übersetzungsmöglichkeiten:
① Die Stadt **ist** von Romulus **gegründet worden**; **dann** ist sie schnell gewachsen.
② **Nachdem** die Stadt von Romulus **gegründet worden war**, ist sie schnell gewachsen.
③ **Nach der Gründung** durch Romulus ist die Stadt schnell gewachsen.

Grammatik 25

2. Rōma mūrīs altīs **circumdata** semper tūta fuit.

Hilfsübersetzung (wörtlich):
Rom – von hohen Mauern **umgeben** – war immer sicher.
Übersetzungsmöglichkeiten:
① Rom **war** von hohen Mauern **umgeben (worden); deshalb** war es immer sicher.
② **Weil** Rom von hohen Mauern **umgeben (worden) war**, war es immer sicher.
③ **Wegen der Umfriedung** mit hohen Mauern war Rom immer sicher.

3. Rōma ā populīs ingentibus **petīta** (tamen) numquam capta est.

Hilfsübersetzung (wörtlich):
Rom – von vielen gewaltigen Völkern **angegriffen** – ist (dennoch) niemals erobert worden.
Übersetzungsmöglichkeiten:
① Rom **war** von gewaltigen Völkern **angegriffen worden; dennoch** ist es niemals erobert worden.
② **Obwohl** Rom von gewaltigen Völkern **angegriffen worden war**, ist es (dennoch) niemals erobert worden.
③ **Trotz der Angriffe** gewaltiger Völker ist Rom niemals erobert worden.

◀▶ Du erkennst:
1. Die **wörtliche Übersetzung** des PPP schafft die **Voraussetzung** dafür, dass du die Übersetzungsmöglichkeit findest, die am besten passt.
2. Du kannst aus folgenden drei Übersetzungsmöglichkeiten auswählen:
   ① **Beiordnung**, d. h., das PPP wird durch einen eigenen Satz wiedergegeben und es wird eine **Satzreihe** gebildet.
   ② **Unterordnung**, d. h., das PPP wird als Gliedsatz übersetzt und es wird ein **Satzgefüge** gebildet.
   ③ **Einordnung**, d. h., das PPP wird durch eine Präposition mit Substantiv wiedergegeben und es wird eine **präpositionale Verbindung** gebildet.
3. Das **PPP** drückt eine zum Prädikat **vorzeitige Handlung** aus. Für die deutsche Übersetzung muss das entsprechende Tempus (Perfekt/Plusquamperfekt) gewählt werden ①/②.

2.3 Zusammenfassende Übersicht

Sinnrichtung	Übersetzungsmöglichkeiten des PPP (Partizip der Vorzeitigkeit)		
	Beiordnung/ Satzreihe	Unterordnung/ Satzgefüge (Gliedsatz)	Einordnung/ präpositionale Verbindung
1. temporal/ Zeit	… ist … worden (und) da/dann …	nachdem/als … worden ist/war	nach + Substantiv
2. kausal/ beachteter Grund	… ist … worden (und) deshalb	weil/da … worden ist/war	wegen + Substantiv
3. konzessiv/ nicht beachteter Grund	… ist … worden (und) dennoch	obwohl … worden ist/war	trotz + Substantiv

19

26 Passiv im Präsensstamm: Präsens/Imperfekt/Futur I – Infinitiv Präsens Passiv – Doppelter Akkusativ – Dramatisches Präsens

F

① Urbs servāta est.   Die Stadt ist gerettet worden.
② Urbs servātur.   Die Stadt wird gerettet.

In Satz ① steht das Prädikat im **Perfekt Passiv**,
in **Satz** ② steht das Prädikat im **Präsens Passiv**.
An den Bedeutungsteil im Präsensstamm *servā-* ist *-tur* getreten.
Dies ist das **Person-Zeichen** für die **3. Person Singular Passiv**.

PRÄDIKAT	
Bedeutungsteil im Präsensstamm	Signalteil (Endung)

vocāre	vocā—	tur	er, sie, es wird gerufen
monēre	monē—	tur	er, sie, es wird gemahnt
audīre	audī—	tur	er, sie, es wird gehört
mittere	mitt— i —	tur	er, sie, es wird geschickt
capere	capĭ—	tur	er, sie, es wird gefasst
	↑	↑	
	Sprech-vokal	*Person-Zeichen*	

1 Passiv im Präsensstamm: Präsens/Imperfekt/Futur I
1.1 Erscheinungsform

Ego perīculīs perturb**or**.	Ich werde durch Gefahren beunruhigt.
Nōnne tū furōre bellī terrē**ris**?	Wirst du nicht vom Wahnsinn des Krieges erschreckt?
Urbs nātūrā locī mūnī**tur**.	Die Stadt wird durch die Beschaffenheit des Ortes geschützt.
Nōs ab hostibus opprimi**mur**.	Wir werden von den Feinden überfallen.
Vōs in servitūtem mitti**minī**.	Ihr werdet in die Sklaverei geschickt.
Fīnēs patriae trānseu**ntur**.	Die Grenzen des Vaterlandes werden überschritten.

◀▶ Du erkennst:
Die **Person-Zeichen** des **Passivs im Präsensstamm** lauten:

-(o)r, -ris, -tur, -mur, -minī, -ntur.

Person-Zeichen

Singular	Plural
-(o)r	-mur
-ris	-minī
-tur	-ntur

1.2 Konjugationsschemata
Präsens Passiv

	Lateinisch					Deutsch	
	ā-Konj.	ē-Konj.	ī-Konj.	Kons. Konj.	kurzvok. Konj.		
1. P. Sg.	voc*or*	mone*or*	audi*or*	mitt*or*	capi*or*	ich werde	gerufen
2. P. Sg.	vocā*ris*	monē*ris*	audī*ris*	mitt*e*ris	cape*ris*	du wirst	gemahnt
3. P. Sg.	vocā*tur*	monē*tur*	audī*tur*	mitt*i*tur	capi*tur*	er, sie, es wird	gehört
1. P. Pl.	vocā*mur*	monē*mur*	audī*mur*	mitt*i*mur	capi*mur*	wir werden	geschickt
2. P. Pl.	vocā*minī*	monē*minī*	audī*minī*	mitt*i*minī	capi*minī*	ihr werdet	gefasst
3. P. Pl.	voc*antur*	mon*entur*	audi*untur*	mitt*untur*	capi*untur*	sie werden	

Die Komposita von *īre* wie *adīre* und *trānsīre* bilden ein Passiv meist nur in der 3. Person Singular und Plural:

modus trānsītur	das Maß wird überschritten
ōrācula adeuntur	man wendet sich an die Orakel

Imperfekt Passiv

	Lateinisch					Deutsch	
	ā-Konj.	ē-Konj.	ī-Konj.	Kons. Konj.	kurzvok. Konj.		
1. P. Sg.	vocā*bar*	monē*bar*	audiē*bar*	mittē*bar*	capiē*bar*	ich wurde	gerufen
2. P. Sg.	vocā*bāris*	monē*bāris*	audiē*bāris*	mittē*bāris*	capiē*bāris*	du wurdest	gemahnt
3. P. Sg.	vocā*bātur*	monē*bātur*	audiē*bātur*	mittē*bātur*	capiē*bātur*	er, sie, es wurde	gehört
1. P. Pl.	vocā*bāmur*	monē*bāmur*	audiē*bāmur*	mittē*bāmur*	capiē*bāmur*	wir wurden	geschickt
2. P. Pl.	vocā*bāminī*	monē*bāminī*	audiē*bāminī*	mittē*bāminī*	capiē*bāminī*	ihr wurdet	gefasst
3. P. Pl.	vocā*bantur*	monē*bantur*	audiē*bantur*	mittē*bantur*	capiē*bantur*	sie wurden	

Futur I Passiv

	Lateinisch					Deutsch	
	ā-Konj.	ē-Konj.	ī-Konj.	Kons. Konj.	kurzvok. Konj.		
1. P. Sg.	vocā*bor*	monē*bor*	audi*ar*	mitt*ar*	capi*ar*	ich werde	gerufen
2. P. Sg.	vocā*beris*	monē*beris*	audi*ēris*	mitt*ēris*	capi*ēris*	du wirst	gemahnt
3. P. Sg.	vocā*bitur*	monē*bitur*	audi*ētur*	mitt*ētur*	capi*ētur*	er, sie, es wird	gehört ⎫ werden
1. P. Pl.	vocā*bimur*	monē*bimur*	audi*ēmur*	mitt*ēmur*	capi*ēmur*	wir werden	geschickt
2. P. Pl.	vocā*biminī*	monē*biminī*	audi*ēminī*	mitt*ēminī*	capi*ēminī*	ihr werdet	gefasst
3. P. Pl.	vocā*buntur*	monē*buntur*	audi*entur*	mitt*entur*	capi*entur*	sie werden	

1.3 Besondere Übersetzung des Präsens Passiv

①	Hannibal bellō Rōmānōrum nōn **terrētur**.	Hannibal **erschrickt** nicht über den Krieg mit den Römern. Hannibal **lässt sich** vom Krieg mit den Römern nicht **erschrecken**.
②	Hamilcar sēcum cōgitat: „Dē animō fortī fīliī meī nōn **fallor**."	Hamilkar denkt bei sich: „In der Tapferkeit meines Sohnes **täusche ich mich** nicht."

◀▶ Du erkennst:
Das Präsens Passiv kann in bestimmten Fällen auch durch das **Aktiv mit oder ohne Reflexiv-Pronomen** oder mit **„lassen"** wiedergegeben werden.

Merke dir:

terreor	„ich erschrecke mich"/erschrecke	(*wörtlich:* ich werde erschreckt)
nōn terreor	ich lasse mich nicht erschrecken	(*wörtlich:* ich werde nicht erschreckt)
fallor	ich täusche mich	(*wörtlich:* ich werde getäuscht)

2 Infinitiv Präsens Passiv
2.1 Erscheinungsform

Urbs servārī et dēfendī potest.	Die Stadt kann gerettet und verteidigt werden.

◀▶ Du erkennst:
Der **Infinitiv Präsens Passiv** endet auf das Infinitiv-Zeichen *-rī* oder *-ī*.

	Inf. Präs. Passiv	deutsche Übersetzung
ā-Konj.	vocā-**rī**	gerufen (zu) werden
ē-Konj.	monē-**rī**	gemahnt (zu) werden
ī-Konj.	audī-**rī**	gehört (zu) werden
Kons. Konj.	mitt-**ī**	geschickt (zu) werden
kurzvok. Konj.	cap-**ī**	gefasst (zu) werden

Inf.-Präs.-Passiv-Zeichen

-rī
-ī

2.2 Verwendung im AcI

①	Urbem **servātam** et **dēfēnsam** esse cōnstat.	Es steht fest, dass die Stadt **gerettet** und **verteidigt worden ist**.
②	Urbem **servārī** et **dēfendī** scīmus.	Wir wissen, dass die Stadt **gerettet** und **verteidigt wird**.

◀▶ Du erkennst:
Im AcI (vgl. SZ 3.2) ist ausgedrückt
1. durch den **Infinitiv Perfekt Passiv** ① das **vorzeitige Zeitverhältnis** (Infinitiv der Vorzeitigkeit),
2. durch den **Infinitiv Präsens Passiv** ② das **gleichzeitige Zeitverhältnis** (Infinitiv der Gleichzeitigkeit).

Merke dir:

Infinitiv		Zeitverhältnis zum Prädikat
Infinitiv **Präsens** Aktiv:	*(-re)*	Gleichzeitigkeit
Infinitiv **Präsens** Passiv:	*(-rī/-ī)*	
Infinitiv **Perfekt** Aktiv:	*(-isse)*	Vorzeitigkeit
Infinitiv **Perfekt** Passiv:	(**PPP** + *esse*)	

3 Doppelter Akkusativ

① Cīvēs **sē** in urbe **tūtōs** nōn putābant.	Die Bürger hielten **sich** in der Stadt nicht **für sicher**.
② Quis **Rēmum rēgem** appellāvit?	Wer hat **Remus als König** bezeichnet (**König** genannt)?
③ **Rōmulus rēx** factus est.	**Romulus** ist **zum König gemacht** worden.

◄► Du erkennst:
1. Nach Verben wie *putāre* („halten für"), *appellāre* („bezeichnen als"), *facere* („machen zu") steht im Lateinischen der **doppelte Akkusativ** ①/②. Im Passiv steht hier der doppelte Nominativ ③.
2. Der zweite Akkusativ bzw. Nominativ ist jeweils als **Praedicativum** verwendet. Dieses ist im Deutschen meist durch eine Verbindung mit „für" ①, „als" ② oder „zu" ③ wiederzugeben.

4 Dramatisches Präsens

Gallī nocte ad montem **successērunt**. Saxa **ascendunt**. Invicem¹ **sublevant**, aliī aliōs **trahunt**. Ita silentiō ad summum **perveniunt**. Nēmō eōs **audit**. Etiam canēs **fallunt**. Subitō autem ānserēs² **clāmant**...	Die Gallier **rückten** nachts an den Berg **heran**. Sie **steigen** die Felsen **hinauf**. Sie **heben** sich gegenseitig **hoch**, die einen **ziehen** die anderen. So **gelangen** sie in aller Stille nach oben. Niemand **hört** sie. Auch die Hunde **täuschen** sie. Plötzlich **schnattern** aber die Gänse...

1) **invicem sublevāre**: sich gegenseitig hochheben   2) **ānser, -eris** m: Gans

◄► Du erkennst:
1. In dem kurzen Text wird ein **historisches Ereignis** erzählt.
2. In der Erzählung wechselt das Tempus vom Perfekt (*successērunt*) in das Präsens (*ascendunt, sublevant, trahunt*...).
3. Das Präsens rückt das Geschehen näher an den Leser heran; dieser erlebt es so **unmittelbar** mit.
4. Das Geschehen wirkt anschaulicher, spannender, dramatischer. Wir sprechen deshalb von einem **dramatischen Präsens** (vgl. T 2, 3).

27 u-Deklination – Demonstrativ-Pronomen ILLE, ILLA, ILLUD

> Du kennst bereits
> – Substantive mit dem Kennvokal *-ā-* wie *amīc-ā-s* (ā-Deklination),
> – Substantive mit dem Kennvokal *-o-* wie *amīc-ō-s* (o-Deklination),
> – Substantive mit dem Kennvokal *-ē-* wie *r-ē-s* (ē-Deklination).
>
> Nun lernst du **Substantive** mit dem **Kennvokal** *-u-* kennen, der zwischen Bedeutungsteil und Kasus-Zeichen tritt. Diese Substantive gehören zur **u-Deklination**.
>
>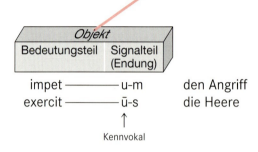
>
> impet ———— u-m   den Angriff
> exercit ———— ū-s   die Heere
>   ↑
>   Kennvokal

1 u-Deklination

① Xerxēs **cum exercitū** et classe Graeciam invāsit.	Xerxes griff **mit Heer** und Flotte Griechenland an.
② Graecī autem **impetum exercitūs** barbarī sustinēre nōn poterant.	Die Griechen konnten aber **den Angriff des Barbarenheeres** nicht (aus-)aufhalten.
③ Itaque **māgnō metū** mōtī Delphīs ōrāculum cōnsuluērunt.	Deshalb befragten sie **in ihrer großen Angst** (**von** großer **Angst** bewegt) in Delphi das Orakel.
④ Pythia respondit: „**Impetuī** parēs eritis, sī vōs mūrīs līgneīs (→ 27 L) mūnīveritis."	Pythia antwortete: „**Dem Angriff** werdet ihr gewachsen sein, wenn ihr euch mit hölzernen Mauern schützt."

1.1 Erscheinungsform

◀▶ Du erkennst:
1. Zur **u-Deklination** gehören die Formen *exercitū, impetum, exercitūs, metū, impetuī*.
2. Substantive der u-Deklination sind in der Regel **Maskulina**:
   ② *exercitūs barbarī* „des Barbarenheeres", ③ *māgnō metū* „in großer Angst".

Die Substantive der u-Deklination haben folgende Signalteile:

	Singular	Plural
Nom.	-us	-ūs
Gen.	-ūs	-uum
Dat.	-uī	-ibus
Akk.	-um	-ūs
Abl.	-ū	-ibus

Der **Kennvokal** *-u-* tritt in allen Kasus außer im Dativ und Ablativ Plural auf.

1.2 Deklinationsschema

	Singular das/ein Heer	Plural (die) Heere
Nom.	exercit-us	exercit-ūs
Gen.	exercit-ūs	exercit-uum
Dat.	exercit-uī	exercit-ibus
Akk.	exercit-um	exercit-ūs
Abl.	exercit-ū	exercit-ibus

2 Demonstrativ-Pronomen ILLE, ILLA, ILLUD

2.1 Deklinationsschema

	Lateinisch						Deutsch			
	Singular			Plural			Singular			Plural
	m	f	n	m	f	n	m	f	n	
Nom.	ille	illa	illud	illī	illae	illa	jener	jene	jenes	jene
Gen.	illīus	illīus	illīus	illōrum	illārum	illōrum	jenes	jener	jenes	jener
Dat.	illī	illī	illī	illīs	illīs	illīs	jenem	jener	jenem	jenen
Akk.	illum	illam	illud	illōs	illās	illa	jenen	jene	jenes	jene
Abl.	cum illō	cum illā	cum illō	cum illīs	cum illīs	cum illīs	mit jenem	mit jener	mit jenem	mit jenen

2.2 Verwendung

① Graecī cum Persīs apud Salamīna **illud** proelium commīsērunt.
Die Griechen lieferten den Persern bei Salamis **jene** (berühmte) Schlacht.

② *Hī* dolō Themistoclis oppressī sunt.
Diese wurden durch die List des Themistokles geschlagen.

Illī māgnam dē Xerxē victōriam peperērunt.
Jene errangen einen großen Sieg über Xerxes.

③ Sīc Graecia ab imperiō **illīus** rēgis dēfēnsa est.
So ist Griechenland gegen die Herrschaft **jenes** Königs verteidigt worden.

◀▶ Du erkennst:

Das **Demonstrativ-Pronomen** *ille, illa, illud* weist auf etwas hin,
1. was aus der Sicht des Sprechers als **geschichtlich berühmt** gilt; dies kann eine Person, Sache oder ein Ereignis sein ①,
2. was **zeitlich** und/oder **räumlich vom Sprecher entfernter** liegt ③; wenn Personen oder Sachen gegenübergestellt sind ②, so bezieht sich eine Form von *hic, haec, hoc* immer auf das **zuletzt Genannte**, eine Form von *ille, illa, illud* immer auf das zuerst Genannte (was weiter weg ist).

Grammatik 28

28 Partizip Präsens Aktiv (PPA) als Attribut/Subjekt/Objekt und als Adverbiale: Participium coniunctum (PC) – QUI, QUAE, QUOD als adjektivisches Interrogativ-Pronomen

Wie im Deutschen kann auch im Lateinischen von fast jedem Verb ein **Partizip Präsens Aktiv (PPA)** gebildet werden: fürchte-**nd** – *timē-**ns***.

> Athēniēnsēs Persās **timentēs** Salamīna sē recēpērunt.

① Die die Perser **fürchtenden** Athener zogen sich nach Salamis zurück.
② Die Athener, **die** die Perser **fürchteten**, zogen sich nach Salamis zurück.
③ Die Athener – die Perser **fürchtend** – zogen sich nach Salamis zurück.
④ Die Athener zogen sich, **weil sie** die Perser **fürchteten**, nach Salamis zurück.

S1

Das **PPA** ... *timentēs* kann man als **nähere Bestimmung des Subjekts** *Athēniēnsēs* auffassen ①/②. Es bildet dann im Bauwerk des Satzes das Bauteil **Attribut**.

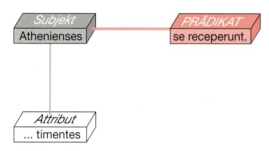

S2

Das **PPA** ... *timentēs* kann man aber auch als **Ergänzung des Prädikates** *sē recēpērunt* auffassen ③/④. Es gibt einen **näheren Umstand** (hier kausal: „weil") an. Im Bauwerk des Satzes bildet es das Bauteil **Adverbiale**.

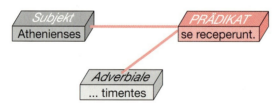

Das **PPA** hat im Satz meist ein **Bezugswort**, mit dem es in **Kasus**, **Numerus** und **Genus** übereinstimmt (**KNG-Kongruenz**). Auch hier liegt also ein „verbundenes Partizip" vor:

Participium coniunctum (PC).

1 Partizip Präsens Aktiv (PPA)
1.1 Erscheinungsform

Inf. Präs. Akt.	PPA Nom. Sg.	Gen. Sg.	
vocā—re	vocā—**ns**,	voca—**nt**-is	rufend
monē—re	monē—**ns**,	mone—**nt**-is	mahnend
audī—re	audi-ē-**ns**,	audi-e-**nt**-is	hörend
mitt-e-re	mitt-ē-**ns**,	mitt-e-**nt**-is	schickend
cape—re	capi-ē-**ns**,	capi-e-**nt**-is	fassend
ī—re	i-ē-**ns**,	e-u-**nt**-is	gehend

◀▶ Du erkennst:
1. Das Kennzeichen für das **Partizip Präsens Aktiv (PPA-Zeichen)** ist *-nt-*; an dieses treten die Signalteile (Endungen) der Adjektive der Konsonantischen Deklination: *-is, -ī, -em* usw. (eine Ausnahme bildet der Ablativ Singular: *vehement-ī*, aber *legent-e*).
2. Im **Nominativ Singular** endet das PPA jeweils auf *-ns* (-ns < nt-s).

1.2 Deklinationsschema

legēns
lesend/der, die Lesende

	Singular m/f	n	Plural m/f	n
Nom.	legēns	legēns	legentēs	legentia
Gen.	legentis		legentium	
Dat.	legentī		legentibus	
Akk.	legentem	legēns	legentēs	legentia
Abl.	ā legent**e**		ā legentibus	

PPA-Zeichen

-nt-

2 Partizip Präsens Aktiv (PPA) als Attribut/Subjekt/Objekt
2.1 PPA als Attribut

Manchmal ist das PPA wie ein **Adjektiv** verwendet. Es bildet dann im Bauwerk des Satzes das Bauteil **Attribut**.

①	Nōn omnēs hominēs Rōmae **vīventēs** cīvēs Rōmānī sunt.	Nicht alle in Rom **lebenden** Menschen sind römische Bürger.
②	Quis īgnōrat virōs dē nātūrā **quaerentēs**?	Wer kennt die Männer nicht, **die** die Natur **erforschen** (über die Natur fragen)?

◀▶ Du erkennst:
1. Das **PPA** stimmt in **Kasus**, **Numerus** und **Genus** mit seinem Bezugswort überein (**KNG-Kongruenz**).
2. Im **Deutschen** wird es **wörtlich** oder mit einem **Relativsatz** wiedergegeben.

2.2 PPA als Subjekt oder Objekt

Gelegentlich ist das PPA auch wie ein **Substantiv** verwendet. Es bildet dann im Bauwerk des Satzes das Bauteil **Subjekt** oder **Objekt**.

①	**Spectantēs** perturbābantur.	**Die Zuschauer** waren in Panik (wurden beunruhigt).
②	Quis studet **latentia** cognōscere?	Wer strebt danach, **das Verborgene** zu erkennen?

Im **Deutschen** wird das PPA mit einem **Substantiv** wiedergegeben.

3 Partizip Präsens Aktiv (PPA) als Adverbiale: Participium coniunctum (PC)

Das **PPA** ist meist so verwendet, dass man es als **Adverbiale** auffassen muss. In solchen Fällen bezeichnet man es als

> **Participium coniunctum (PC)** .

3.1 Erscheinungsform und Sinnrichtungen

①	Nēmō **Xerxem** Athēnās **petentem** arcēre potuit.	Niemand konnte **Xerxes, als er** Athen **angriff**, abwehren.
②	**Athēniēnsēs** Persās **timentēs** Salamīna sē recēpērunt.	**Die Athener** zogen sich, **weil sie** die Perser **fürchteten**, nach Salamis zurück.
③	**Persīs** classe ingentī **invādentibus** Graecī (tamen) parēs erant.	Die Griechen waren **den Persern, obwohl** diese mit einer gewaltigen Flotte **angriffen**, (dennoch) gewachsen.

◀▶ Du erkennst:
1. Das PPA stimmt **immer** mit einem **Bezugswort**, mit dem es verbunden ist, in **Kasus**, **Numerus** und **Genus** überein (KNG-Kongruenz).
2. Das PPA drückt immer einen Vorgang aus, der **zeitgleich zur Handlung des Prädikates** abläuft (vgl. ①: *Xerxes griff Athen an; es konnte ihn dabei niemand abwehren.*) Das Zeitverhältnis des PPA zum Prädikat ist somit **gleichzeitig (Partizip der Gleichzeitigkeit)**.
3. Das PPA gibt – als Adverbiale im Satz – einen **näheren Umstand** an; dieser kann **verschiedene Sinnrichtungen** haben:

①	Zeit:	WÄHREND/ALS	*temporal*
②	beachteter Grund:	WEIL/DA	*kausal*
③	nicht beachteter Grund:	OBWOHL	*konzessiv*

Die **zutreffende Sinnrichtung** muss jeweils aus dem **Textzusammenhang** erschlossen werden.

3.2 Übersetzungsweg

> Athēniēnsēs Persās **timentēs** Salamīna sē recēpērunt.
>
> *Hilfsübersetzung (wörtlich):*
> Die Athener – die Perser **fürchtend** – zogen sich nach Salamis zurück.
> *Übersetzungsmöglichkeiten:*
> ① Die Athener **fürchteten** die Perser; **deshalb** zogen sie sich nach Salamis zurück.
> ② Die Athener zogen sich, **weil sie** die Perser **fürchteten**, nach Salamis zurück.
> ③ Die Athener zogen sich **aus Furcht vor** den Persern nach Salamis zurück.

◀▶ Du erkennst:
1. Die **wörtliche Übersetzung** des PPA schafft die **Voraussetzung** dafür, dass du die Übersetzungsmöglichkeit findest, die am besten passt.
2. Du kannst aus folgenden drei Übersetzungsmöglichkeiten auswählen:
    ① **Beiordnung**, d. h., das PPA wird durch einen eigenen Satz wiedergegeben und es wird eine **Satzreihe** gebildet.
    ② **Unterordnung**, d. h., das PPA wird als Gliedsatz übersetzt und es wird ein **Satzgefüge** gebildet.
    ③ **Einordnung**, d. h., das PPA wird durch eine Präposition mit Substantiv wiedergegeben und es wird eine **präpositionale Verbindung** gebildet.
3. Das **PPA** drückt eine zum Prädikat **gleichzeitige Handlung** aus. Für die deutsche Übersetzung muss das entsprechende Tempus (Imperfekt/Präsens) gewählt werden ①/②.

3.3 Zusammenfassende Übersicht

Sinnrichtung	Übersetzungsmöglichkeiten des PPA (Partizip der Gleichzeitigkeit)		
	Beiordnung/ Satzreihe	**Unterordnung/** Satzgefüge (Gliedsatz)	**Einordnung/** präpositionale Verbindung
1. **temporal/** Zeit	…; dabei	als/während …	bei/während + Substantiv
2. **kausal/** beachteter Grund	…; deshalb	weil/da …	wegen + Substantiv
3. **konzessiv/** nicht beachteter Grund	…; dennoch	obwohl …	trotz + Substantiv

4 QUI, QUAE, QUOD als adjektivisches Interrogativ-Pronomen

4.1 Deklinationsschema

	qui? quae? quod? *welcher? welche? welches?*					
	Singular			Plural		
	m	f	n	m	f	n
Nom.	quī	quae	quod	quī	quae	quae
Gen.	cuius	cuius	cuius	quōrum	quārum	quōrum
Dat.	cui	cui	cui	quibus	quibus	quibus
Akk.	quem	quam	quod	quōs	quās	quae
Abl.	quō	quā	quō	quibus	quibus	quibus

4.2 Erscheinungsform und Verwendung

Ein stolzer Römer:

① **Quae gēns** tōtī orbī terrārum imperat? — **Welches Volk** herrscht über den ganzen Erdkreis?

② **Cuius populī** imperium cēterae gentēs valdē timent? — **Welches Volkes** Herrschaft fürchten die übrigen Völker sehr?

③ **Cui cīvitātī** deī favent? — **Welchem Staat** sind die Götter gewogen?

④ **Quod perīculum** nōbīs nunc īnstat? — **Welche Gefahr** droht uns jetzt (noch)?

⑤ **Quae bella** Rōmānī bene fīnīvērunt? — **Welche Kriege** haben die Römer erfolgreich beendet?

◀▶ Du erkennst:
1. Das Interrogativ-Pronomen *quī, quae, quod?* wird wie das Relativ-Pronomen (vgl. auch Tab. II₄) dekliniert.
2. Das Interrogativ-Pronomen ist wie ein **Adjektiv** einem Substantiv „beigefügt", mit dem es in **Kasus, Numerus** und **Genus** übereinstimmt (KNG-Kongruenz). Es ist also **adjektivisch gebraucht**.

9 Konjunktiv Präsens Aktiv – Konjunktivische Gliedsätze

Der **Modus** einer Verbform gibt die jeweilige **Aussageweise** an. Bisher hast du zwei Modi kennen gelernt:
den **Indikativ** (Wirklichkeitsform), z. B. *pāret* „er gehorcht" (das passiert tatsächlich),
den **Imperativ** (Befehlsform), z. B. *pārē!* „gehorche!".

Nun lernst du im Lateinischen den dritten Modus kennen: den **Konjunktiv** (Möglichkeitsform).

HS	Puer paret,		Der Junge gehorcht,
GS		ut patri **placeat**.	damit **er** dem Vater **gefällt**.

Das **Prädikat** des lateinischen Gliedsatzes *placeat* steht im **Konjunktiv Präsens Aktiv** (→ F). Dieser Modus ist aufgrund der einleitenden Subjunktion *ut* notwendig; diese leitet hier einen Gliedsatz ein, in dem eine Absicht, also etwas, was nicht tatsächlich, sondern nur möglich ist, ausgedrückt wird. Für die **Wiedergabe im Deutschen** wird der **Indikativ Präsens** verwendet.

Der **Konjunktiv Präsens Aktiv** ist durch das **Modus-Zeichen** *-e-* in der ā-Konjugation und *-a-* in allen anderen Konjugationen gekennzeichnet.
Dieses steht – außer in der ā-Konjugation – zwischen dem Bedeutungsteil im Präsensstamm und dem Person-Zeichen.

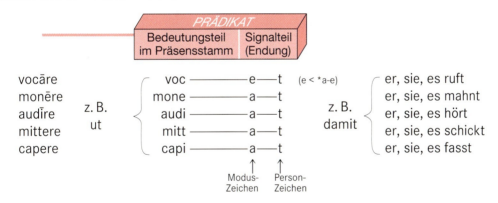

Der **Konjunktiv Präsens** von *esse* lautet: *s-i-m, s-ī-s* usw.

1 Konjunktiv Präsens Aktiv

Scīmus,	quid Hannibal **iūret**. quantō odiō Hamilcar in Rōmānōs **ārdeat**. cūr inter Rōmānōs et Hannibalem amīcitia nōn **sit**.	Wir wissen,	was Hannibal **schwört**. von welch großem Hass Hamilkar gegen die Römer **entflammt ist** (vor … brennt). warum es zwischen den Römern und Hannibal keine Freundschaft **gibt**.

1.1 Erscheinungsform

◀▶ Du erkennst:
Der **Konjunktiv Präsens Aktiv** unterscheidet sich vom Indikativ Präsens Aktiv durch ein bestimmtes **Modus-Zeichen**. Dies ist der Vokal

-*e*- für die ā-Konjugation,
-*a*- für die übrigen Konjugationen einschließlich *īre*,
-*i*- für *esse, posse, velle* und *nōlle*.

Modus-Zeichen
Konj. Präs. Aktiv

1.2 Konjugationsschema

	ā-Konj.	ē-Konj.	ī-Konj.	Kons. Konj.	kurzvok. Konj.	*īre*
1. P. Sg.	voc**em**	mone**am**	audi**am**	mitt**am**	capi**am**	e**am**
2. P. Sg.	voc**ēs**	mone**ās**	audi**ās**	mitt**ās**	capi**ās**	e**ās**
3. P. Sg.	voc**et**	mone**at**	audi**at**	mitt**at**	capi**at**	e**at**
1. P. Pl.	voc**ēmus**	mone**āmus**	audi**āmus**	mitt**āmus**	capi**āmus**	e**āmus**
2. P. Pl.	voc**ētis**	mone**ātis**	audi**ātis**	mitt**ātis**	capi**ātis**	e**ātis**
3. P. Pl.	voc**ent**	mone**ant**	audi**ant**	mitt**ant**	capi**ant**	e**ant**

	esse	*posse*	*velle*	*nōlle*
1. P. Sg.	sim	possim	velim	nōlim
2. P. Sg.	sīs	possīs	velīs	nōlīs
3. P. Sg.	sit	possit	velit	nōlit
1. P. Pl.	sīmus	possīmus	velīmus	nōlīmus
2. P. Pl.	sītis	possītis	velītis	nōlītis
3. P. Pl.	sint	possint	velint	nōlint

Die **Konjunktivformen** werden in der Regel mit dem **Indikativ** wiedergegeben. Genaueres erfährst du unter G 29, 2 „Konjunktivische Gliedsätze".

2 Konjunktivische Gliedsätze

lateinischer Text	deutsche Übersetzung	Art des Gliedsatzes
① Hamilcar postulat, ut filius iuret / nē filius timeat. Hamilcar ōrat, ut filius veniat.	Hamilkar fordert, dass der Sohn schwören soll (schwört) / dass sich der Sohn nicht fürchten soll (fürchtet). Hamilkar bittet, dass der Sohn kommen soll (kommt). (Hamilkar bittet den Sohn zu kommen.)	Begehrsatz
② Hannibal pāret, ut patrī placeat / nē pater dūrō animō sit.	Hannibal gehorcht, damit er dem Vater gefällt (um dem Vater zu gefallen) / damit der Vater nicht hartherzig ist.	Finalsatz (Absichtssatz)
③ Hannibal tam fortis est, ut in castrīs esse velit.	Hannibal ist so tapfer, dass er im Militärlager (dabei) sein will.	Konsekutivsatz (Folgesatz)
④ Hannibal patrem rogat, quid dē Rōmānīs cōgitet / num Rōmānī omnēs terrās petant.	Hannibal fragt den Vater, was er über die Römer denkt / ob die Römer alle Länder angreifen.	indirekter Interrogativsatz (Fragesatz)

◀▶ Du erkennst:
1. Es gibt im Lateinischen **Gliedsätze**, in denen das **Prädikat im Konjunktiv** steht.
2. Diese Gliedsätze drücken einen **Wunsch** ①, eine **Absicht** ②, eine **Folge** ③ oder eine **indirekte Frage** ④ aus.
3. Der lateinische Konjunktiv wird **meistens** mit dem deutschen **Indikativ** wiedergegeben. Oft ist auch eine Übersetzung mit dem **Infinitiv mit „zu/um zu"** möglich ①/②.

Merke dir:

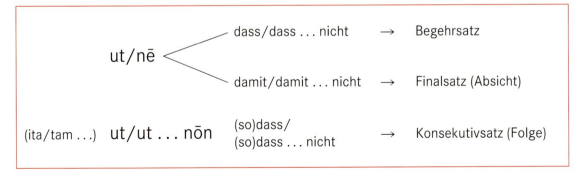

30 Konjunktiv Perfekt Aktiv – Konjunktiv Präsens und Perfekt Passiv – Zeitverhältnis im konjunktivischen Gliedsatz (Präsens/Perfekt) – Mehrdeutiges CUM

S

Du weißt, dass ein **Satzgefüge** aus Sätzen besteht, die durch eine **Subjunktion** (z. B. *quod* „weil", *dum* „während") miteinander verbunden sind. Diese Subjunktionen bestimmen, welche **Sinnrichtung** der Gliedsatz hat (z. B. *quod* „weil" = **kausal**; *dum* „während" = **temporal**).
Es gibt im Lateinischen eine Subjunktion, die verschiedene Sinnrichtungen zum Ausdruck bringen kann:

Hannibal iūrat, ⟵ cum / cum / cum ⟶ perīculum Rōmānōrum cognōscat.

Hannibal schwört, ⟵ als / weil / obwohl ⟶ er die Gefahr durch die Römer erkennt.

Die Subjunktion *cum* ist **mehrdeutig** und kann eine
    temporale (Zeit),
    kausale (beachteter Grund),
    konzessive (nicht beachteter Grund)
Sinnrichtung ausdrücken.

F1

Der **Konjunktiv Perfekt Aktiv** ist durch das **Modus-Zeichen** *-eri-* gekennzeichnet. Dieses steht zwischen dem Bedeutungsteil im Perfektstamm und dem Person-Zeichen.

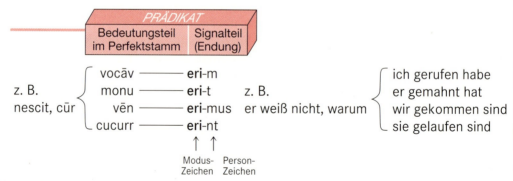

z. B. nescit, cūr { vocāv–eri-m / monu–eri-t / vēn–eri-mus / cucurr–eri-nt }   z. B. er weiß nicht, warum { ich gerufen habe / er gemahnt hat / wir gekommen sind / sie gelaufen sind }

↑ ↑
Modus- Person-
Zeichen Zeichen

Der **Konjunktiv Perfekt von *esse*** lautet: *fu-eri-m*, *fu-eri-s* usw.

F2

Der **Konjunktiv Perfekt Passiv** ist gekennzeichnet durch das **PPP** und eine **Konjunktiv-Präsens-Form** von *esse*.

PRÄDIKAT	
Bedeutungsteil PPP	Signalteil (Konj.-Präs.-Form von *esse*)

z. B. nescit, cūr { servātus sit / servātī sint }   z. B. er weiß nicht, warum { er gerettet worden ist / sie gerettet worden sind }

1 Konjunktiv Perfekt Aktiv

Scīmus,	quis urbem Rōmam **condiderit**.	Wir wissen,	wer die Stadt Rom **gegründet hat**.
	quae gentēs Trōiae **pūgnāverint**.		welche Völker in Troia **gekämpft haben**.
	cūr arx Rōmae in perīculō **fuerit**.		warum die Burg Roms in Gefahr **gewesen ist**.

1.1 Erscheinungsform
Der **Signalteil** des Konjunktiv Perfekt Aktiv (Modus-Zeichen + Person-Zeichen) lautet für alle Konjugationen:

-**eri**-m, -**eri**-s, -**eri**-t, -**eri**-mus, -**eri**-tis, -**eri**-nt .

Modus-Zeichen
Konj. Perf. Aktiv

◀▶ Den **Konjunktiv Perfekt Aktiv** erkennst du also
1. am Bedeutungsteil im Perfektstamm,
2. am Modus-Zeichen -*eri*-.

1.2 Konjugationsschema

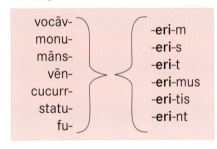

◀▶ Du erkennst:
Die Formen des Konjunktiv Perfekt Aktiv sind **bis auf** die **1. Person Singular** mit denen des **Futur II Aktiv identisch**.
Die Konjunktivformen werden in der Regel mit dem **Indikativ** wiedergegeben (vgl. auch G 29, 2 „Konjunktivische Gliedsätze" und G 30, 3 „Mehrdeutiges CUM").

2 Konjunktiv Präsens und Perfekt Passiv

Interrogās, quā rē	{ perturber. terreāmur. perturbātus sim. territī sīmus.	Du fragst, wodurch	{ ich beunruhigt werde. wir erschreckt werden. ich beunruhigt worden bin. wir erschreckt worden sind.

2.1 Konjunktiv Präsens Passiv
Erscheinungsform

◆▶ Den **Konjunktiv Präsens Passiv** erkennst du
1. am Bedeutungsteil im Präsensstamm,
2. am **Modus-Zeichen** -e-/-a-,
3. an den Person-Zeichen des Passivs.

Konjugationsschema

	ā-Konj.	ē-Konj.	ī-Konj.	Kons. Konj.	kurzvok. Konj.
1. P. Sg.	vocer	monear	audiar	mittar	capiar
2. P. Sg	vocēris	moneāris	audiāris	mittāris	capiāris
3. P. Sg.	vocētur	moneātur	audiātur	mittātur	capiātur
1. P. Pl.	vocēmur	moneāmur	audiāmur	mittāmur	capiāmur
2. P. Pl.	vocēminī	moneāminī	audiāminī	mittāminī	capiāminī
3. P. Pl.	vocentur	moneantur	audiantur	mittantur	capiantur

Die Konjunktivformen werden in der Regel mit dem **Indikativ** wiedergegeben (vgl. auch G 29, 2 „Konjunktivische Gliedsätze" und G 30, 3 „Mehrdeutiges CUM").

2.2 Konjunktiv Perfekt Passiv
Erscheinungsform

◆▶ Den **Konjunktiv Perfekt Passiv** erkennst du am

| Partizip Perfekt Passiv (PPP) | + | Konjunktiv-Präsens-Formen von ESSE: *sim, sīs* usw. |

Konjugationsschema

Sg.	servātus, -a, -um	{ sim sīs sit
Pl.	servātī, -ae, -a	{ sīmus sītis sint

Die Konjunktivformen werden in der Regel mit dem **Indikativ** wiedergegeben (vgl. auch G 29, 2 „Konjunktivische Gliedsätze" und 30, 3 „Mehrdeutiges CUM").

2.3 Zeitverhältnis im konjunktivischen Gliedsatz (Präsens: Konjunktiv I der Gleichzeitigkeit / Perfekt: Konjunktiv I der Vorzeitigkeit)

①	Cum Coriolānus animō dūrō nōn **sit**, verbīs mātris **pāret**.	Da Coriolan nicht hartherzig **ist**, **hört** er auf die Worte der Mutter.
②	Cum māter fīliō dē perīculīs **persuāserit**, perniciem urbis **āvertit**.	Da die Mutter den Sohn von den Gefahren **überzeugt hat**, **wendet** sie das Unheil der Stadt ab.

◀▶ Du erkennst:
1. Der **Konjunktiv Präsens** im Gliedsatz drückt ein **gleichzeitiges Zeitverhältnis** aus (Konjunktiv I der Gleichzeitigkeit) ①.
2. Der **Konjunktiv Perfekt** im Gliedsatz drückt ein **vorzeitiges Zeitverhältnis** aus (Konjunktiv I der Vorzeitigkeit) ②.

3 Mehrdeutiges CUM

①	Aenēās, **cum** ā Iove **iussus sit** Carthāginem relinquere, statim deō pāret.	Äneas gehorcht, **als/nachdem er** von Jupiter **beauftragt worden ist** Karthago zu verlassen, sofort dem Gott.
②	Dīdō, **cum** cōnsilium Aenēae **perspexerit**, dē vītā dēspērat.	Dido verzweifelt, **weil/da/als/nachdem sie** den Plan des Äneas **durchschaut hat**, am Leben.
③	Aenēās, **cum** Dīdōnem vehementer **amet**, (tamen) eius dolōre nōn movētur.	Äneas lässt sich, **obwohl er** Dido leidenschaftlich **liebt**, (dennoch) von ihrem Schmerz nicht beeindrucken (wird … nicht bewegt).

◀▶ Du erkennst:
1. In den **lateinischen** Sätzen mit der **Subjunktion** *cum* steht das Prädikat im **Konjunktiv**. Im **Deutschen** wird es mit dem **Indikativ derselben Zeit** wiedergegeben.
2. *cum* mit Konjunktiv ist **mehrdeutig**. Die **zutreffende Bedeutung** musst du aus dem **Textzusammenhang** erschließen.
3. Die Sinnrichtung ist nicht immer eindeutig festzulegen ②.

Merke dir:

CUM	als/nachdem ①/②	*temporal (Zeit)*
	weil/da ②	*kausal (beachteter Grund)*
	obwohl ③	*konzessiv (nicht beachteter Grund)*

31 Konjunktiv Imperfekt – Konjunktiv Plusquamperfekt – Zeitverhältnis im konjunktivischen Gliedsatz (Imperfekt/Plusquamperfekt) – Mehrgliedriges Satzgefüge

S

Du weißt, dass ein **Satzgefüge** aus einem Hauptsatz und einem Gliedsatz besteht. Die beiden Sätze sind durch eine Subjunktion, z. B. *ut*, miteinander verbunden.
Es kommt im Lateinischen häufig vor, dass von einem Gliedsatz ein weiterer Gliedsatz abhängt. Wir sprechen dann von einem **mehrgliedrigen Satzgefüge** oder von einer „Periode".

Cicerō sciēbat,   Cicero wusste,
  cūr Catilīna id ageret,   **warum** Catilina danach strebte,
    nē coniūrātiō aperīrētur.   **dass** die Verschwörung **nicht** aufgedeckt wurde.

Hauptsatz	Cicero sciebat,		
Gliedsatz		cur	... ageret,
Gliedsatz			ne ... aperiretur.

F1

Der **Konjunktiv Imperfekt** ist gekennzeichnet durch das **Modus-Zeichen** *-re-*.
Dieses steht zwischen dem Bedeutungsteil im Präsensstamm und dem Person-Zeichen.

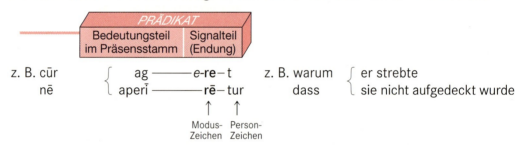

Der **Konjunktiv Imperfekt** von *esse* lautet: *esse-m, essē-s* usw.

F2

Der **Konjunktiv Plusquamperfekt Aktiv** ist gekennzeichnet durch das **Modus-Zeichen** *-isse-*. Dieses steht zwischen dem Bedeutungsteil im Perfektstamm und dem Person-Zeichen.

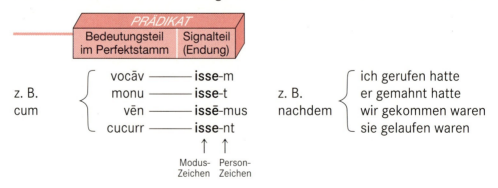

F3

Der **Konjunktiv Plusquamperfekt Passiv** ist gekennzeichnet durch das **PPP** und die **Konjunktiv-Imperfekt**-Form von *esse*:
z. B. *(cum) servātus esset* „(nachdem) er gerettet worden war".

1 Konjunktiv Imperfekt Aktiv und Passiv

Cicerō sciēbat, { quid Catilīna **cōgitāret**, in animō **habēret**, **ageret**. quam vehementer ā Catilīnā iuvenēs ad scelera **incitārentur** et **incenderentur**. quantīs in perīculīs cīvitās **esset**.

Cicero wusste, { was Catilina **beabsichtigte**, im Sinn **hatte**, **trieb**. wie heftig von Catilina die jungen Leute zu Verbrechen **angetrieben** und **angefeuert** wurden. in welch großen Gefahren **sich** der Staat **befand** (**war**).

1.1 Erscheinungsform
Der **Signalteil** des Konjunktiv Imperfekt Aktiv/Passiv (Modus-Zeichen + Person-Zeichen) lautet:

-**re**-m, -**rē**-s, -**re**-t, -**rē**-mus, -**rē**-tis, -**re**-nt /
-**re**-r, -**rē**-ris, -**rē**-tur, -**rē**-mur, -**rē**-minī, -**re**-ntur .

Modus-Zeichen
Konj. Imperfekt

◀▶ Den **Konjunktiv Imperfekt Aktiv/Passiv** erkennst du also
1. am Bedeutungsteil im Präsensstamm,
2. am Modus-Zeichen -*re*-.

1.2 Konjugationsschema

Aktiv	ā-Konj.	ē-Konj.	ī-Konj.	Kons. Konj.	kurzvok. Konj.	*īre*	*esse*	*posse*
1. P. Sg.	vocārem	monērem	audīrem	mitterem	caperem	īrem	essem	possem
2. P. Sg.	vocārēs	monērēs	audīrēs	mitterēs	caperēs	īrēs	essēs	possēs
3. P. Sg.	vocāret	monēret	audīret	mitteret	caperet	īret	esset	posset
1. P. Pl.	vocārēmus	monērēmus	audīrēmus	mitterēmus	caperēmus	īrēmus	essēmus	possēmus
2. P. Pl.	vocārētis	monērētis	audīrētis	mitterētis	caperētis	īrētis	essētis	possētis
3. P. Pl.	vocārent	monērent	audīrent	mitterent	caperent	īrent	essent	possent

							velle	*nōlle*
Passiv								
1. P. Sg.	vocārer	monērer	audīrer	mitterer	caperer		vellem	nōllem
2. P. Sg.	vocārēris	monērēris	audīrēris	mitterēris	caperēris		vellēs	nōllēs
3. P. Sg.	vocārētur	monērētur	audīrētur	mitterētur	caperētur		vellet	nōllet
1. P. Pl.	vocārēmur	monērēmur	audīrēmur	mitterēmur	caperēmur		vellēmus	nōllēmus
2. P. Pl.	vocārēminī	monērēminī	audīrēminī	mitterēminī	caperēminī		vellētis	nōllētis
3. P. Pl.	vocārentur	monērentur	audīrentur	mitterentur	caperentur		vellent	nōllent

◀▶ Du erkennst:
Der lateinische Konjunktiv Imperfekt sieht aus wie der **Infinitiv Präsens Aktiv** mit **angehängten Person-Zeichen**.
Die Konjunktivformen werden in der Regel mit dem **Indikativ** wiedergegeben (vgl. auch G 31, 3 „Mehrgliedriges Satzgefüge").

2 Konjunktiv Plusquamperfekt Aktiv und Passiv

Appārēbat,	cūr Catilīna rēbus novīs **studuisset**.	Es war klar,	warum Catilina nach Umsturz (nach neuen Dingen) **gestrebt hatte**.
	quandō ā Catilīnā illud crūdēle cōnsilium **captum esset**.		wann von Catilina jener grausame Plan **gefasst worden war**.
	quam terribilis Catilīna **fuisset**.		wie schrecklich Catilina **gewesen war**.

2.1 Konjunktiv Plusquamperfekt Aktiv
Erscheinungsform

Der **Signalteil** des Konjunktiv Plusquamperfekt Aktiv (Modus-Zeichen + Person-Zeichen) lautet:

-isse-m, -issē-s, -isse-t, -issē-mus, -issē-tis, -isse-nt .

Modus-Zeichen
Konj. Plusquamperfekt Aktiv

◄► Den **Konjunktiv Plusquamperfekt Aktiv** erkennst du also
1. am Bedeutungsteil im Perfektstamm,
2. am Modus-Zeichen -*isse*-.

Konjugationsschema

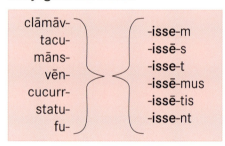

◄► Du erkennst:
Der Konjunktiv Plusquamperfekt Aktiv sieht aus wie der **Infinitiv Perfekt Aktiv** mit **angehängten Person-Zeichen**.
Die Konjunktivformen werden in der Regel mit dem **Indikativ** wiedergegeben (vgl. auch G 31, 3 „Mehrgliedriges Satzgefüge").

2.2 Konjunktiv Plusquamperfekt Passiv
Erscheinungsform

◄► Den **Konjunktiv Plusquamperfekt Passiv** erkennst du am

| Partizip Perfekt Passiv (PPP) | + | Konjunktiv-Imperfekt-Formen von ESSE: *essem*, *essēs* usw. |

Konjugationsschema

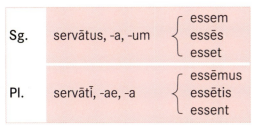

Die Konjunktivformen werden in der Regel mit dem **Indikativ** wiedergegeben. (vgl. auch G 31, 3 „Mehrgliedriges Satzgefüge").

2.3 Zeitverhältnis im konjunktivischen Gliedsatz (Imperfekt: Konjunktiv II der Gleichzeitigkeit/ Plusquamperfekt: Konjunktiv II der Vorzeitigkeit)

① Cum rēgīna **adesset**, Caesar **tacēbat**.	Als die Königin **da war, schwieg** Cäsar.
② Caesar **gaudēbat**, cum rēgīnam **cognōvisset**.	Cäsar **freute sich**, als er die Königin **erkannt hatte**.

◀▶ Du erkennst:
1. Der **Konjunktiv Imperfekt** im Gliedsatz drückt ein **gleichzeitiges Zeitverhältnis** aus (Konjunktiv II der Gleichzeitigkeit) ①.
2. Der **Konjunktiv Plusquamperfekt** im Gliedsatz drückt ein **vorzeitiges Zeitverhältnis** aus (Konjunktiv II der Vorzeitigkeit) ②.

3 Mehrgliedriges Satzgefüge

① Caesar postulāvit, **ut** Cleopatra in rēgiam (→ 31 L) venīret.	Cäsar verlangte, **dass** Kleopatra in den Palast kam (kommen solle).
② **Cum** Cleopatra rēgīna Aegyptī esset, Caesar eam vidēre voluit.	**Da** Kleopatra die Königin Ägyptens war, wollte Cäsar sie sehen.
③ **Cum** Cleopatra diū id studuisset, **ut** in rēgiam (→ 31 L) venīret, dolō tandem ad fīnem pervēnit.	**Als** Kleopatra sich lange darum bemüht hatte, in den Palast zu kommen (**dass** sie ... kam), kam sie schließlich durch List ans Ziel.

◀▶ Du erkennst:
1. Das **mehrgliedrige Satzgefüge** (Periode) kann verschiedene Subjunktionen enthalten.
2. Steht der **Gliedsatz im Konjunktiv**, wird dieser **meistens mit dem Indikativ derselben Zeit** wiedergegeben.
3. Das mehrgliedrige Satzgefüge kann **verschieden gebaut** sein. Gliedsätze können dem Hauptsatz folgen ①, diesem aber auch vorangehen ②/③. Durch ein so genanntes „**Treppenschema**" verdeutlicht, sieht dies folgendermaßen aus:

32 Irrealis der Gegenwart und der Vergangenheit

> Sicherlich hast du schon einmal folgende Sätze gehört oder selbst gesagt:
>
> ① Wenn die Prüfung schon vorbei **wäre**, **ginge** es mir besser/**würde** … **gehen**.
> ② Wenn ich die letzte Prüfung schlecht **gemacht hätte**, **wäre** ich nicht **versetzt worden**.
>
> In beiden Sätzen wird ein Gedanke ausgedrückt, der der Wirklichkeit nicht entspricht, d. h. **irreal** (unwirklich) ist. Wir benutzen im **Deutschen** hierfür den **Konjunktiv II**, der oft auch mit „würde" umschrieben wird (es ginge ~ es würde gehen).
>
> Auch im Lateinischen können **Konditionalsätze** (Bedingungssätze) formuliert werden, die der Wirklichkeit nicht entsprechen:
>
> ③ Nisī mihī amīcī **essent**, laetus nōn **essem**. Wenn ich keine Freunde **hätte**, **wäre** ich nicht froh.
>
> ④ Sī mihī auxilium **negāvissētis**, **servātus** nōn **essem**. Wenn ihr mir die Hilfe **verweigert hättet**, **wäre** ich nicht **gerettet worden**.
>
> Der Konjunktiv Imperfekt ③ drückt dabei einen Gedanken aus, der den Zuständen oder Ereignissen in der Gegenwart nicht entspricht (**Irrealis der Gegenwart**):
> „Wenn ich keine Freunde hätte (*Ich habe aber Freunde!*), wäre ich nicht froh (*Ich bin aber froh!*)."
>
> Der Konjunktiv Plusquamperfekt ④ drückt einen Gedanken aus, der den Zuständen oder Ereignissen der Vergangenheit nicht entspricht (**Irrealis der Vergangenheit**):
> „Wenn ihr mir die Hilfe verweigert hättet (*Ihr habt mir aber geholfen!*), wäre ich nicht gerettet worden (*Ich bin aber gerettet worden!*)."
>
> Für die **deutsche Übersetzung** muss in irrealen Konditionalsätzen der **Konjunktiv II** (**der Gleichzeitigkeit** bzw. **der Vorzeitigkeit**) verwendet werden.

1 Irrealis der Gegenwart

Aenēās cōgitat:	*Äneas denkt:*
① Sī voluntātem deōrum **neglegerem**, **pius** nōn **essem**.	*Wenn* ich den Willen der Götter **missachten würde**, **wäre** ich nicht **fromm**.
② Nisī Carthāginem relinquere **dēbērem**, cūrīs nōn **sollicitārer**.	*Wenn* ich Karthago *nicht* verlassen **müsste**, **würde** ich nicht von Sorgen **beunruhigt**.

◀▶ Du erkennst:
1. Der lateinische Bedingungssatz und der Hauptsatz stehen jeweils im **Konjunktiv Imperfekt**.
2. Im **Deutschen** wird der Konjunktiv Imperfekt hier durch den **Konjunktiv II** (**der Gleichzeitigkeit**) bzw. durch die Ersatzform mit „würde" wiedergegeben.
3. Die **Aussage** des Satzgefüges ist **für die Gegenwart nicht-wirklich** (irreal):
   ① „Wenn ich den Willen der Götter missachten würde (*Ich tue es aber nicht!*), wäre ich nicht fromm (*Ich bin aber fromm!*)."
   Wir sprechen deshalb vom **Irrealis der Gegenwart**.

2 Irrealis der Vergangenheit

Aenēās cōgitat:	*Äneas denkt:*
① *Nisī* Trōia **dēlēta esset**, numquam ē patriā **fūgissēmus**.	*Wenn* Troia *nicht* **zerstört worden wäre**, **wären** wir niemals aus der Heimat **geflohen**.
② *Sī* apud Dīdōnem **mānsissem**, Trōiānī in Italiam nōn **venīrent**.	*Wenn* ich bei Dido **geblieben wäre**, **kämen** die Troianer nicht nach Italien.

◄► Du erkennst:
1. In Satz ① steht sowohl der lateinische Bedingungssatz wie auch der Hauptsatz im **Konjunktiv Plusquamperfekt**.
2. Im **Deutschen** wird der Konjunktiv Plusquamperfekt hier durch den **Konjunktiv II** (**der Vorzeitigkeit**) wiedergegeben.
3. Die **Aussage** des Satzgefüges ist **für die Vergangenheit nicht-wirklich** (irreal):
   ① „Wenn Troia nicht zerstört worden wäre (*Es ist aber zerstört worden!*), wären wir niemals aus der Heimat geflohen (*Wir sind aber geflohen!*)."
   Wir sprechen deshalb vom **Irrealis der Vergangenheit**.
4. In Satz ② sind der Irrealis der Vergangenheit und der Irrealis der Gegenwart miteinander „vermischt".

33 FERRE

> In der Regel ist es nicht schwierig, von einem PPP oder einer Perfektform auf den jeweiligen Infinitiv Präsens zu schließen, da du den (manchmal veränderten) Präsensstamm erkennen kannst: *dictum – dīxī → dīcere* „sagen".
> Es gibt aber neben dem Verb *esse* noch ein **Verb**, das seine **Stammformen-Reihe** aus **verschiedenartigen Stämmen** bildet: *ferre* „tragen".
>
> | ferre: | **fer**-ō | **tul**-ī | **lā**-t-um | tragen, bringen; ertragen; berichten |
> |---|---|---|---|---|
>
> Hier kannst du vom PPP bzw. Perfektstamm nicht auf den Infinitiv Präsens schließen. Die Person-Zeichen, Modus-Zeichen und Tempus-Zeichen werden – wie du es gewohnt bist – an den jeweiligen Bedeutungsteil angehängt.

1 FERRE

Alexander et Philippus:	*Alexander und Philippus:*
A. ① Quod remedium **fers**, Philippe?	Welches Heilmittel **bringst du**, Philippus?
Ph. ② Tibī pōtiōnem (→ 32 L) **ferō**.	**Ich bringe** dir einen Trank.
③ Haec tibī salūtem **feret**.	Dieser **wird** dir Heilung **bringen**.
④ Cēterōs medicōs remedium strēnuum nōndum invēnisse **ferunt**.	**Man berichtet**, dass die übrigen Ärzte noch kein starkes Mittel gefunden haben.
A. ⑤ A cēterīs mihī remedia ūtilia nōn **feruntur**.	Von den übrigen **werden** mir keine brauchbaren Heilmittel **gebracht**.
⑥ Nēmō eōrum mihī auxilium **tulit**.	Niemand von ihnen **hat** mir Hilfe **gebracht**.
⑦ Sed ā tē iam multīs auxilium **lātum esse** sciō.	Aber ich weiß, dass von dir schon vielen Hilfe **gebracht worden ist**.
⑧ Proinde **ferte** mihī pōculum!	Deshalb **bringt** mir den Becher!

1.1 Erscheinungsform
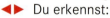 Du erkennst:
1. Die **Formen** des **Präsensstammes** werden gebildet aus dem Bedeutungsteil im Präsensstamm *fer-* und dem **Signalteil** des **Aktivs** ①/②/③/④/⑧ oder **Passivs** ⑤.
2. Die **Formen** des **Perfektstammes** im **Aktiv** werden gebildet aus dem Bedeutungsteil im Perfektstamm *tul-* (vgl. *tol-lere*) und dem **Signalteil** des **Aktivs** ⑥.
3. Das **PPP** von *ferre* lautet *lātus, -a, -um*. Mit dem PPP und den Formen von *esse* werden die **Formen** des **Perfektstammes** im **Passiv** gebildet ⑦.

tragen

1.2 Konjugationsschema
Formen des Präsensstammes

	AKTIV							
	Präsens			*Imperfekt*			*Futur*	
	Indikativ		Konjunktiv	Indikativ		Konjunktiv		
1. P. Sg.	ferō	ich trage	feram	ferēbam	ich trug	ferrem	feram	ich werde tragen
2. P. Sg.	fers	du trägst	ferās	ferēbās	du trugst	ferrēs	ferēs	
3. P. Sg.	fert	er, sie, es trägt	ferat	ferēbat	er, sie, es trug	ferret	feret	*usw.*
1. P. Pl.	ferimus	wir tragen	ferāmus	ferēbāmus	wir trugen	ferrēmus	ferēmus	
2. P. Pl.	fertis	ihr tragt	ferātis	ferēbātis	ihr trugt	ferrētis	ferētis	
3. P. Pl.	ferunt	sie tragen	ferant	ferēbant	sie trugen	ferrent	ferent	
Infinitiv	ferre	(zu) tragen						
Imperativ	Sg. fer!	trag!						
	Pl. ferte!	tragt!						
Partizip	ferēns, ferentis	tragend						

	PASSIV							
1. P. Sg.	feror	ich werde getragen	ferar	ferēbar	ich wurde getragen	ferrer	ferar	ich werde getragen werden *usw.*
2. P. Sg.	ferris		ferāris	ferēbāris		ferrēris	ferēris	
3. P. Sg.	fertur	*usw.*	ferātur	ferēbātur	*usw.*	ferrētur	ferētur	
1. P. Pl.	ferimur		ferāmur	ferēbāmur		ferrēmur	ferēmur	
2. P. Pl.	feriminī		ferāminī	ferēbāminī		ferrēminī	ferēminī	
3. P. Pl.	feruntur		ferantur	ferēbantur		ferrentur	ferentur	
Infinitiv	ferrī	getragen (zu) werden						

Formen des Perfektstammes

	AKTIV							
	Perfekt			*Plusquamperfekt*			*Futur II*	
	Indikativ		Konjunktiv	Indikativ		Konjunktiv		
1. P. Sg.	tulī	ich habe getragen *usw.*	tulerim	tuleram	ich hatte getragen *usw.*	tulissem	tulerō	ich werde getragen haben *usw.*
2. P. Sg.	tulistī	*usw.*	tuleris *usw.*	tulerās *usw.*		tulissēs *usw.*	tuleris *usw.*	
Infinitiv	tulisse	getragen (zu) haben						

	PASSIV							
1. P. Sg.	lātus sum	ich bin getragen worden	lātus sim	lātus eram	ich war getragen worden	lātus essem	lātus erō	ich werde getragen worden sein
	usw.	*usw.*	*usw.*	*usw.*	*usw.*	*usw.*	*usw.*	*usw.*
Infinitiv	lātum, -am, -um esse	getragen worden (zu) sein						
Partizip	lātus, -a, -um	getragen						

34 Ablativus absolutus (Abl. abs.) mit PPP: Vorzeitigkeit – Dativ des Vorteils/Zwecks

Du kennst bereits das **Participium coniunctum (PC)**, das in verschiedenen Kasus vorkommt, z. B.:

Augustus **nūntium allātum** semper cōgitābat.   Augustus dachte immer an **die Nachricht, als sie gemeldet worden war.**

Das Partizip *allātum* stimmt mit seinem **Bezugswort** *nūntium* in **KNG** überein; dieses Bezugswort stellt ein Bauteil des Satzes (hier: Objekt) dar.
Das Partizip gibt hier allein für sich einen **Umstand der Zeit** („als …") an; es stellt also das Bauteil **Adverbiale** dar.

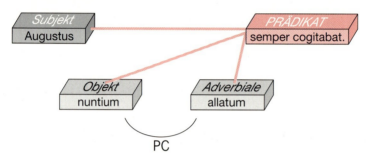

Betrachte nun folgenden Satz:
Augustus **nūntiō allātō** tacēbat.   Augustus schwieg, **als die Nachricht gemeldet worden war.**

Auch hier tritt ein Partizip auf, das in **KNG** mit seinem **Bezugswort** übereinstimmt.
Dieses **Bezugswort** steht im **Ablativ**: *nūntiō*. Es ist allein für sich kein Bauteil im Satz.
Die Aussage *Augustus tacēbat* bedürfte keiner weiteren Ergänzung; sie ist **für sich genommen verständlich**.
Das Bezugswort *nūntiō* ist vom Rest des Satzes „losgelöst" (absolut).
Das **Partizip und sein Bezugswort**, *nūntiō allātō*, geben hier einen **Umstand der Zeit** („als …") an. Sie bilden demnach zusammen das Bauteil **Adverbiale**.
Diese Konstruktion nennen wir:

Ablativus absolutus (Abl. abs.).

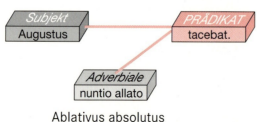

Ablativus absolutus

1 Ablativus absolutus (Abl. abs.) mit PPP: Vorzeitigkeit

1.1 Erscheinungsform und Sinnrichtungen

①	Augustus calamitāte legiōnum suārum nūntiātā tacēbat.	Augustus schwieg, als die Niederlage seiner Legionen gemeldet worden war.
②	Exercitibus dēlētīs Augustus dē imperiō sollicitātus erat.	Da die Heere vernichtet worden waren, war Augustus in Sorge um das Reich.
③	Pāce factā (tamen) Germānī arma in Rōmānōs tulērunt.	Obwohl Frieden geschlossen war, erhoben die Germanen (dennoch) die Waffen gegen die Römer.

◀▶ Du erkennst:
1. Der **Ablativus absolutus (Abl. abs.)** besteht hier jeweils aus einem **Substantiv** und einem **PPP im Ablativ**.
2. Der Abl. abs. steht häufig am **Satzanfang** ②/③. Er stellt im Satz eine **klar abgrenzbare Konstruktion** dar.
3. Der **Abl. abs. mit PPP** drückt einen Vorgang aus, der **vor der Handlung des Prädikates abgelaufen** ist (vgl. ①: *Die Niederlage ist gemeldet worden; erst dann schwieg Augustus.*). Das **Zeitverhältnis des PPP** zum Prädikat ist somit **vorzeitig (Partizip der Vorzeitigkeit)**.
4. Der Abl. abs. mit PPP gibt – als Adverbiale im Satz – einen **näheren Umstand** an; er kann **verschiedene Sinnrichtungen** haben:

① Zeit:	NACHDEM/ALS	*temporal*
② beachteter Grund:	WEIL/DA	*kausal*
③ nicht beachteter Grund:	OBWOHL	*konzessiv*

Die **zutreffende Sinnrichtung** muss jeweils aus dem **Textzusammenhang** erschlossen werden.

1.2 Übersetzungsweg

1. Augustus **calamitāte nūntiātā** tacēbat.

Hilfsübersetzung (selbstständiger Satz):
Augustus – **die Niederlage war gemeldet worden** – schwieg.
Übersetzungsmöglichkeiten:
① **Die Niederlage war gemeldet worden; da** schwieg Augustus.
② **Nachdem die Niederlage gemeldet worden war**, schwieg Augustus.
③ **Nach der Nachricht von der Niederlage** schwieg Augustus.

2. **Exercitibus dēlētīs** Augustus dē imperiō sollicitātus erat.

Hilfsübersetzung (selbstständiger Satz):
Die Heere waren vernichtet worden – Augustus war in Sorge um das Reich.
Übersetzungsmöglichkeiten:
① **Die Heere waren vernichtet worden; deshalb** war Augustus in Sorge um das Reich.
② **Weil die Heere vernichtet worden waren**, war Augustus in Sorge um das Reich.
③ **Wegen der Vernichtung der Heere** war Augustus in Sorge um das Reich.

3. **Pāce factā** (tamen) Germānī arma in Rōmānōs tulērunt.

Hilfsübersetzung (selbstständiger Satz):
Der Frieden war geschlossen worden – die Germanen erhoben (dennoch) die Waffen gegen die Römer.

Übersetzungsmöglichkeiten:
① **Der Frieden war geschlossen worden; dennoch** erhoben die Germanen die Waffen gegen die Römer.
② **Obwohl Frieden geschlossen worden war**, erhoben die Germanen die Waffen gegen die Römer.
③ **Trotz Friedensschlusses** erhoben die Germanen die Waffen gegen die Römer.

◀▶ Du erkennst:
1. Die Übersetzung des Abl. abs. mit einem **selbstständigen Satz** schafft die **Voraussetzung** dafür, dass du die Übersetzungsmöglichkeit findest, die am besten passt.
2. Wie beim PC kannst du aus den drei Übersetzungsmöglichkeiten **Beiordnung** ①, **Unterordnung** ② und **Einordnung** ③ auswählen (vgl. G 25, 2.2/3; G 28, 3.2/3).
3. Da der **Abl. abs. mit PPP** eine zum Prädikat **vorzeitige Handlung** ausdrückt, muss für die deutsche Übersetzung das entsprechende Tempus (Perfekt/Plusquamperfekt) gewählt werden ①/②.

1.3 Zusammenfassende Übersicht
Abl. abs. mit PPP (Partizip der Vorzeitigkeit): Vorzeitigkeit

Sinnrichtung	Übersetzungsmöglichkeiten des Abl. abs.		
	Beiordnung/ Satzreihe	Unterordnung/ Satzgefüge (Gliedsatz)	Einordnung/ präpositionale Verbindung
1. **temporal**/ Zeit	… ist … worden (und) da/dann …	nachdem/als … worden ist/war	nach + Substantiv
2. **kausal**/beachteter Grund	… ist … worden (und) deshalb	weil/da … worden ist/war	wegen + Substantiv
3. **konzessiv**/ nicht beachteter Grund	… ist … worden (und) dennoch	obwohl … worden ist/war	trotz + Substantiv

2 Dativ des Vorteils/Zwecks

① Cūr nēmō legiōnibus Vārī	{ auxiliō vēnit? auxiliō missus est?	Warum ist niemand den Legionen des Varus	{ zu Hilfe gekommen? zu Hilfe geschickt worden?
② Germānī Augustō **odiō** erant.		Die Germanen *waren* dem Augustus **verhasst** (*wörtl.*: waren zum Hass).	
③ Augustī imperium etiam hodiē multīs **admīrātiōnī** est.		Augustus' Herrschaft *wird* auch heute (noch) von vielen **bewundert** (*wörtl.*: *ist* vielen zur Bewunderung).	

◀▶ Du erkennst:
1. In den Sätzen kommen jeweils zwei Dative vor, wobei nur einer auf die Frage „wem?" antwortet: „den Legionen" ①, „(dem) Augustus" ②, „vielen" ③. Nach diesem Dativ lässt sich auch fragen: „für wen?", „zu wessen Vorteil?". Man bezeichnet ihn deshalb als **Dativ des Vorteils**.
2. Der zweite **Dativ in Verbindung mit** *esse* oder Verben wie *venīre* und *mittere* drückt dagegen einen **Zweck** aus. Er antwortet auf die Frage „wozu?". Man bezeichnet ihn deshalb als **Dativ des Zwecks**.
3. Im **Deutschen** wird der Dativ des Zwecks entweder mit einer Umschreibung mit „zu"/„zum"/„zur" oder mit einer **freien Übersetzung** wiedergegeben.

Merke dir:

imperātōrī **odiō** esse	dem Kaiser **verhasst** sein (*wörtl.*: **zum Hass** sein)
cīvibus **invidiae** esse	von den Bürgern **beneidet** werden (*wörtl.*: den Bürgern **zum Neid** sein)
plēbī **admīrātiōnī** esse	vom Volk **bewundert** werden (*wörtl.*: dem Volk **zur Bewunderung** sein)
amīcīs { **auxiliō** venīre (medicum) **auxiliō** mittere	den Freunden { **zu Hilfe** kommen (einen Arzt) **zu Hilfe** schicken

35

Ablativus absolutus (Abl. abs.) mit PPA: Gleichzeitigkeit –
Ablativus absolutus (Abl. abs.) in nominalen Wendungen – NE nach Ausdrücken des Fürchtens

S1

Du kennst bereits den Ablativus absolutus mit PPP (vgl. G 34). Es gibt im Lateinischen aber auch den **Ablativus absolutus** mit **PPA**:

| Omnēs cīvēs Alcibiadē adveniente in Pīraeum properāvērunt. | Alle Bürger eilten, **als Alkibiades ankam**, zum Piräus. |

Das Partizip *adveniente* stimmt mit seinem **Bezugswort** *Alcibiadē* in **KNG** überein.
Das Bezugswort ist kein Bauteil des Satzes, da die Aussage *omnēs cīvēs in Pīraeum properāvērunt* für sich genommen verständlich ist. Es ist vom Satz „**losgelöst**" (absolut).

Das **Partizip und sein Bezugswort**, *Alcibiadē adveniente*, geben hier einen **Umstand der Zeit** („als …") an und bilden somit zusammen das Bauteil **Adverbiale**.

Der **Vorgang**, der durch diesen **Ablativus absolutus** ausgedrückt wird, verläuft **gleichzeitig** zur Handlung des Prädikates.

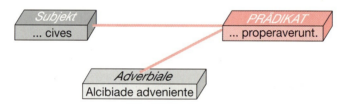

S2

Es gibt im Lateinischen einen **Ablativus absolutus**, bei dem **kein Partizip** vorkommt. An die Stelle des PPA ist ein **Adjektiv** oder **Substantiv** getreten:

| Hannibale vīvō Rōmānī ā perīculīs tūtī nōn erant. | Zu Lebzeiten Hannibals waren die Römer vor Gefahren nicht sicher. |

Wir sprechen hier deshalb von einem **Ablativus absolutus in nominalen Wendungen**.

1 Ablativus absolutus (Abl. abs.) mit PPA: Gleichzeitigkeit
1.1 Erscheinungsform und Sinnrichtungen

① Alcibiadēs **multīs audientibus** dē patriā disseruit.	Alkibiades sprach, **während viele zuhörten**, über seine Vaterstadt.
② **Māgnō perīculō īnstante** Alcibiadēs fūgit.	**Da eine große Gefahr drohte**, floh Alkibiades.
③ Lacedaemoniī oppidum **multīs fortiter dēfendentibus** (tamen) cēpērunt.	Die Lakedämonier haben die Stadt, **obwohl viele ‹sie› tapfer verteidigten**, (dennoch) eingenommen.

◀▶ Du erkennst:
1. Der **Ablativus absolutus (Abl. abs.)** besteht aus einem **Substantiv und einem PPA im Ablativ**.
2. Er steht sowohl am **Satzanfang** ② als auch in der **Satzmitte** ①/③. Im Satz stellt er eine **klar abgrenzbare Konstruktion** dar.
3. Der **Abl. abs. mit PPA** drückt einen Vorgang aus, der **gleichzeitig zu der Handlung des Prädikates** abläuft (vgl. ①: *Während viele zuhörten, sprach Alkibiades.*). Das **Zeitverhältnis des PPA** zum Prädikat ist somit **gleichzeitig (Partizip der Gleichzeitigkeit)**.
4. Der Abl. abs. mit PPA gibt – als Adverbiale im Satz – einen **näheren Umstand** an; er kann **verschiedene Sinnrichtungen** haben:

① Zeit:	WÄHREND/ALS	*temporal*	
② beachteter Grund:	WEIL/DA	*kausal*	
③ nicht beachteter Grund:	OBWOHL	*konzessiv*	

Die **zutreffende Sinnrichtung** muss jeweils aus dem **Textzusammenhang** erschlossen werden.

1.2 Übersetzungsweg

1. Alcibiadēs **multīs audientibus** dē patriā disseruit.

Hilfsübersetzung (selbstständiger Satz):
Alkibiades sprach – viele hörten zu – über seine Vaterstadt.
Übersetzungsmöglichkeiten:
① Alkibiades sprach über seine Vaterstadt; **dabei hörten viele zu**.
② Alkibiades sprach, **während viele zuhörten**, über seine Vaterstadt.
③ Alkibiades sprach **vor vielen Zuhörern** über seine Vaterstadt.

2. **Māgnō perīculō īnstante** Alcibiadēs fūgit.

Hilfsübersetzung (selbstständiger Satz):
Eine große Gefahr drohte – Alkibiades floh.
Übersetzungsmöglichkeiten:
① **Eine große Gefahr drohte; deshalb** floh Alkibiades.
② **Weil eine große Gefahr drohte**, floh Alkibiades.
③ Alkibiades floh **wegen einer drohenden großen Gefahr**.

3. Lacedaemoniī oppidum **multīs fortiter dēfendentibus** (tamen) cēpērunt.

Hilfsübersetzung (selbstständiger Satz):
Die Lakedämonier haben die Stadt eingenommen – viele verteidigten ‹sie› tapfer.
Übersetzungsmöglichkeiten:
① **Viele verteidigten die Stadt tapfer; trotzdem** haben ‹sie› die Lakedämonier eingenommen.
② Die Lakedämonier haben die Stadt eingenommen, **obwohl viele** ‹sie› **tapfer verteidigten**.
③ Die Lakedämonier haben die Stadt **trotz der tapferen Verteidigung durch viele (vieler)** eingenommen.

◀▶ Du erkennst:
1. Die Übersetzung des Abl. abs. mit einem **selbstständigen Satz** schafft die **Voraussetzung** dafür, dass du die Übersetzungsmöglichkeit findest, die am besten passt.
2. Wie beim PC kannst du aus den drei Übersetzungsmöglichkeiten **Beiordnung** ①, **Unterordnung** ② und **Einordnung** ③ auswählen (vgl. G 28, 3.2).
3. Da der **Abl. abs. mit PPA** eine zum Prädikat **gleichzeitige Handlung** ausdrückt, muss für die deutsche Übersetzung das entsprechende Tempus (Präsens/Präteritum) gewählt werden.

1.3 Zusammenfassende Übersicht
Abl. abs. mit PPA (Partizip der Gleichzeitigkeit): Gleichzeitigkeit

Sinnrichtung	Übersetzungsmöglichkeiten des Abl. abs.		
	Beiordnung/ Satzreihe	Unterordnung/ Satzgefüge (Gliedsatz)	Einordnung/ präpositionale Verbindung
1. **temporal**/ Zeit	…; dabei	als/während …	bei/während + Substantiv
2. **kausal**/beachteter Grund	…; deshalb	weil/da …	wegen + Substantiv
3. **konzessiv**/ nicht beachteter Grund	…; dennoch	obwohl …	trotz + Substantiv

2 Ablativus absolutus in nominalen Wendungen

①	Imperium Rōmānum **Hannibale vīvō** ā perīculīs tūtum nōn erat.	Das Römische Reich war **zu Lebzeiten Hannibals** (solange Hannibal lebte) vor Gefahren nicht sicher.
②	**Augustō imperātōre** urbs Rōma aedificiīs pulchrīs abundābat¹.	**Unter der Herrschaft des Augustus** (als Augustus Kaiser war) war die Stadt Rom reich an schönen Gebäuden.
③	**Cicerōne cōnsule** Catilīna cīvitātem Rōmānam ad summum perīculum addūxit.	**Unter dem Konsulat Ciceros** (als Cicero Konsul war) brachte Catilina den römischen Staat in höchste Gefahr.

1) **abundāre** (m. Abl.): reich sein (an etw.)

◀▶ Du erkennst:
1. Auch in diesen Sätzen kommen Ablative vor, die vom restlichen Satz „**losgelöst**" (absolut) sind.
2. An die **Stelle des Partizips** ist hier ein **Adjektiv** ① oder ein **Substantiv** ②/③ getreten. Wir sprechen deshalb von einem **Abl. abs. in nominalen Wendungen**.
3. Im **Deutschen** wird der Abl. abs. in nominalen Wendungen in der Regel mit einer **präpositionalen Verbindung** (Präposition + Substantiv) wiedergegeben.
Die Wiedergabe mit einem **Gliedsatz** ist möglich. Dabei muss aber meist die **Gleichzeitigkeit** beachtet werden, die in den nominalen Wendungen erfasst ist.

Merke dir:

Hannibale vīvō	zu Lebzeiten Hannibals
Themistoclē duce	unter der Führung des Themistokles
Augustō imperātōre	unter der Herrschaft des Augustus
Cicerōne cōnsule	unter dem Konsulat Ciceros
Caesare auctōre	auf Veranlassung Cäsars
Nerōne mortuō	nach Neros Tod

3 NE nach Ausdrücken des Fürchtens

①	Alcibiadēs *timēbat*, **nē** ā Lacedaemoniīs interficerētur.	Alkibiades *fürchtete*, **dass** er von den Lakedämoniern ermordet werde / von den Lakedämoniern ermordet zu werden.
②	Nam *perīculum erat*, **nē** īnsidiās parārent.	Denn *es bestand die Gefahr*, **dass** sie ein Attentat (einen Anschlag) verübten.

◀▶ Du erkennst:
Nach **Verben und Ausdrücken des Fürchtens** bedeutet *nē* zu Beginn des Gliedsatzes „**dass**". Der Gliedsatz im Konjunktiv enthält das, was befürchtet wird, also eigentlich **nicht** eintreten soll.

36 Ablativus absolutus (Zusammenfassung) – Demonstrativ-Pronomen IPSE, IPSA, IPSUM

1 Ablativus absolutus (Zusammenfassung)

temporal — *kausal* — *konzessiv* — *Sinnrichtung*

Augusto imperante
Während Augustus regierte,

Deis faventibus
Da die Götter gewogen waren,

Hostibus instantibus
Obwohl Feinde drohten,

Abl. abs. mit PPA

(Partizip der Gleichzeitigkeit)

gleichzeitiges Zeitverhältnis

civitas Romana crevit.
ist der römische Staat gewachsen.

vorzeitiges Zeitverhältnis

Multis bellis gestis
Nachdem viele Kriege geführt worden waren,

Pace facta
Weil Frieden geschlossen worden war,

Magnis cladibus illatis
Obwohl <ihm> große Niederlagen zugefügt worden waren,

Abl. abs. mit PPP

(Partizip der Vorzeitigkeit)

temporal — *kausal* — *konzessiv* — *Sinnrichtung*

2 Demonstrativ-Pronomen IPSE, IPSA IPSUM

2.1 Deklinationsschema

	Lateinisch						Deutsch
	Singular			Plural			
	m	f	n	m	f	n	
Nom.	ipse	ipsa	ipsum	ipsī	ipsae	ipsa	
Gen.	**ipsīus**	**ipsīus**	**ipsīus**	ipsōrum	ipsārum	ipsōrum	
Dat.	**ipsī**	**ipsī**	**ipsī**	ipsīs	ipsīs	ipsīs	selbst
Akk.	ipsum	ipsam	ipsum	ipsōs	ipsās	ipsa	
Abl.	ipsō	ipsā	ipsō	ipsīs	ipsīs	ipsīs	

2.2 Verwendung

Urbs Rōma ārdēbat. Omnēs perterritī erant.	*Die Stadt Rom brannte. Alle waren in Schrecken.*
① Nerō **ipse** ē turrī altā incendium urbis spectābat.	Nero **selbst** betrachtete den Brand der Stadt von einem hohen Turm aus.
② Hoc spectāculum eī **ipsī** placēbat.	Dieses Schauspiel gefiel ihm **persönlich**.
③ Nam **ipsam** urbem Rōmam ārdentem vidēre voluit.	Denn er wollte **gerade** die Stadt Rom brennen sehen.

◀▶ Du erkennst:
1. Das **Demonstrativ-Pronomen** *ipse, ipsa, ipsum* hebt einen Begriff stark hervor.
2. Im **Deutschen** lässt sich dieses Pronomen je nach **Textzusammenhang** verschieden wiedergeben:

> ipse, ipsa, ipsum: ① selbst
> ② persönlich
> ③ gerade

Textarbeit

Arbeiten am Text

Der folgende Text orientiert sich nur am Stoff des ersten Lernjahres.

Sätze sind in der Regel miteinander zu einem Text verbunden. Diese innere Verbundenheit nennt man den „**Zusammenhang**" (die **Kohärenz**) des Textes. Der Zusammenhang des Textes wird durch verschiedene sprachliche Elemente erreicht.

T 1 Textbeispiel
De Caesare et Vercingetorige

1. Romani oppidum Gallorum iam diu **obsidebant**.
2. Ei summa inopia **laborabant**.
3. Nam eis et cibus et aqua **deerant**.
4. Neque tamen libertatis causa se Romanis dedere **volebant**.
5. Nondum enim de salute **desperabant**
6. eosque **exspectabant**, qui ex tota Gallia auxilium **dabant**.
7. Etiam Vercingetorigem ducem egregium **habebant**.
8. Tum Caesar milites celeri impetu oppidum capere **iussit**.
9. Statim illi portas **fregerunt** et trans muros ignem **intulerunt**.
10. Brevi Romani cum barbaris pugnam acrem **pugnaverunt**.
11. Galli autem sine timore mortis militibus Caesaris **restiterunt**.
12. Sed frustra salutem libertatemque suam **defenderunt**.
13. Mox Romani victoriam **pepererunt**.
14. Caesar Gallos arma deponere **coegit**.
15. Item Vercingetorigem, ducem eorum, se Romanis dedere **iussit**.
16. Is non **negavit** se ita facere.
17. Itaque legatos ad Caesarem **mittit**.
18. iterumque se libertatis totius Galliae causa pugnavisse **demonstrat**.
19. Deinde cum paucis in castra Romanorum **contendit**.
20. Ibi Vercingetorix ex equo **desilit**, arma ad pedes Caesaris **proicit**
21. seque ei **dedit**.

Die Fußnotenzählung entspricht der Zeilennummerierung.

1) **obsidēre (obsēdī, obsessum):** belagern   2) **inopia, -ae f:** Mangel   3) **dēesse (dēsum, dēfuī):** fehlen   4) **causā** (m. Gen.): um ... willen, für   **dēdere (dēdidī, dēditum):** ausliefern, übergeben   8) **celer, -is, -e:** schnell   **impetus, -ūs m:** Angriff   9) **ille, illa, illud** (Gen. illīus, Dat. illī): jener   **porta, -ae f:** Tor   **mūrus, -ī m:** Mauer   **īgnis, -is m:** Feuer   **īnferre (īnferō, intulī, illātum):** hineintragen, hineinwerfen   10) **brevī:** kurz danach   11) **resistere (restitī, –):** Widerstand leisten   12) **frūstrā:** vergeblich   13) **victōria, -ae f:** Sieg   **parere (pariō, peperī, partum):** erwerben, erringen   14) **dēpōnere (dēposuī, dēpositum):** niederlegen   **cōgere (coēgī, coāctum):** zwingen   15) **dēdere:** s. 4)   16) **facere (fēcī, factum):** machen, tun   17) **lēgātus, -ī m:** Gesandter   18) **causā** (m. Gen.): um ... willen, für   **dēmōnstrāre:** erklären, darlegen   19) **contendere (contendī, contentum):** eilen   20) **dēsilīre (dēsiluī, –):** herabspringen   **pēs, pedis m:** Fuß   **prōicere (prōiēcī, prōiectum):** hinwerfen   21) **dēdere:** s. 4)

Cäsar und Vercingetorix

1. Die Römer belagerten schon lange Zeit die Stadt der Gallier.
2. Diese litten an höchstem Mangel.
3. Denn es fehlten ihnen sowohl Nahrung als auch Wasser.
4. Doch wollten sie sich um der Freiheit willen nicht den Römern ergeben.
5. Noch gaben sie nämlich die Hoffnung auf Rettung nicht auf
6. und warteten auf die, die dabei waren, aus ganz Gallien Hilfe zu bringen.
7. Auch hatten sie in Vercingetorix einen hervorragenden Führer.
8. Da gab Cäsar den Soldaten den Befehl die Stadt durch schnellen Angriff zu erobern.
9. Sofort brachen jene die Tore auf und schleuderten Feuer über die Mauern.
10. Kurz danach kämpften die Römer mit den Barbaren einen erbitterten Kampf.
11. Die Gallier jedoch leisteten ohne Angst vor dem Tod den Soldaten Cäsars Widerstand.
12. Aber sie verteidigten ihr Leben und ihre Freiheit vergeblich.
13. Bald errangen die Römer den Sieg.
14. Cäsar zwang die Gallier die Waffen niederzulegen.
15. Ebenso befahl er Vercingetorix, ihrem Anführer, sich den Römern zu ergeben.
16. Dieser lehnte es nicht ab, dies (so) zu tun.
17. Deshalb schickt er Gesandte zu Cäsar
18. und macht nochmals deutlich, dass er für die Freiheit von ganz Gallien gekämpft habe.
19. Dann eilt er mit wenigen Leuten in das Lager der Römer.
20. Dort springt Vercingetorix vom Pferd, wirft die Waffen vor Cäsars Füße
21. und ergibt sich ihm.

T 2 Textaufbauende Elemente

In diesem Text sind die Wörter, die den **Zusammenhang** (die **Kohärenz**) bewirken, jeweils unterschiedlich markiert.
Solche textaufbauenden Elemente sind besonders:

1. **Konnektoren** („Satzverbinder"): Darunter versteht man all die Wörter, die die Sätze in eine **innere** (meist logisch stimmige) **Verbindung** bringen, vor allem Konjunktionen, Adverbien und Pronomina.

Ei (2), Nam (3), Neque tamen (4), enim (5), Etiam (7), Tum (8), Statim (9), Brevi (10), autem (11), Sed (12), Mox (13), Item (15), Is (16), Itaque (17), Deinde (19), Ibi (20)

2. **Personen-Verteilung**: Darunter versteht man die **Personen**, die an dem im Text erfassten Geschehen beteiligt sind; durch ihre Rolle und die wechselseitige Einwirkung treiben sie die Handlung voran.

Romani (1), Gallorum (1), Romanis (4), Vercingetorigem (7), Caesar (8), Romani (10), Galli (11), Caesaris (11), Romani (13), Caesar (14), Gallos (14), Vercingetorigem (15), Romanis (15), Caesarem (17), Romanorum (19), Vercingetorix (20), Caesaris (20)

3. **Tempus-Verwendung**: Darunter ist die besondere Verwendung der Tempora zu verstehen, die dem Geschehen ein bestimmtes Gepräge geben. In diesem Text kennzeichnet das **Imperfekt** den länger andauernden **Hintergrund eines Geschehens**; das **Perfekt** kennzeichnet, was im **Vordergrund des Geschehens**, meist in rascher Abfolge, geschieht. Das **Präsens** erfasst Vorgänge, die sich dem Leser **dramatisch vergegenwärtigen**, an denen er demnach sehr nahe teilnimmt („dramatisches Präsens"; vgl. G 26, 4).

Geschehenshintergrund:
obsidebant (1), *laborabant* (2), *deerant* (3), *volebant* (4), *desperabant* (5), *exspectabant* (6), *dabant* (6), *habebant* (7)

Geschehensvordergrund:
iussit (8), *fregerunt* (9), *intulerunt* (9), *pugnaverunt* (10), *restiterunt* (11), *defenderunt* (12), *pepererunt* (13), *coegit* (14), *iussit* (15), *negavit* (16)

mit dramatischer Vergegenwärtigung:
m i t t i t (17), d e m o n s t r a t (18), c o n t e n d i t (19), d e s i l i t (20), p r o i c i t (20), d e d i t (21)

4. **Sach- und Bedeutungsfelder:** Darunter versteht man Wörter und Wendungen, die zu einem **einheitlichen Bedeutungsbereich** gehören. Aufgrund ihres Vorherrschens bestimmen sie – als **Leitwörter** oder **Leitbegriffe** – das Thema des Textes.

Thema „Krieg/Kampf/Gewalt/Kapitulation":
(obsidebant) (1), (se dedere) (4), (milites) (8), (impetu) (8), (capere) (8), (portas fregerunt) (9), (ignem intulerunt) (9), (pugnam acrem pugnaverunt) (10), (militibus) (11), (restiterunt) (11), (defenderunt) (12), (victoriam pepererunt) (13), (arma deponere) (14), (se dedere) (15), (pugnavisse) (18), (castra) (19), (arma) (20), (se dedere) (21)

Thema „Kampf für Leben und Freiheit":
libertatis causa (4), de salute (5), salutem libertatemque (12), libertatis ... causa (18)

5. **Verweiswörter:** Darunter versteht man Wörter, die auf bereits **Erwähntes** oder noch **Kommendes** verweisen; das können Nomina, Pronomina oder auch Wortgruppen sein.

oppidum (1), ei (2), eis (3), eos (... qui) (6), ex tota Gallia (6), ducem egregium (7), milites (8), oppidum (8), illi (9), barbaris (10), militibus (11), arma (14), ducem (15), eorum (15), is (16), totius Galliae causa (18), arma (20), ei (21)

Syntaxzusammenfassung 1–20

1 Kasusfunktionen

1.1 Dativ des Besitzers

Amīcō vīlla pulchra est. – **Der Freund hat/besitzt** ein schönes Landhaus.

In Verbindung mit *esse* gibt der **Dativ** den Besitzer einer Sache oder Eigenschaft an.

1.2 Akkusativ der Richtung

① *Mārcus Rōmam properat.* – Marcus eilt **nach Rom**.
② *Cōnsul in īnsulam Crētam nāvigat.* – Der Konsul segelt **zur Insel Kreta**.

Der **Akkusativ** antwortet auch auf die Frage „wohin?" und gibt eine Richtung an. Bei Städtenamen steht der bloße Akkusativ ①, ansonsten die Präposition *in* m. Akk. ②.

1.3 Akkusativ der zeitlichen Ausdehnung

Mīlitēs multās hōrās pūgnābant. – Die Soldaten kämpften **viele Stunden lang**.

Der **Akkusativ** antwortet auch auf die Frage „wie lange?" und gibt eine Zeitdauer an.

1.4 Ablativ des Ortes/der Zeit

Tōtā urbe hominēs clāmōrēs audiunt. – **In der ganzen Stadt** hören die Menschen Geschrei. („wo?")
Prīmā lūce imperātor appāret. – **Am frühen Morgen** erscheint der Kaiser. („wann?")

Der **Ablativ** antwortet auf die Fragen „wo?"/„wann?". Er gibt Ort und Zeit an.

1.5 Ablativ des Mittels/der Begleitung

Mārcus amīcam dōnō dēlectat. – Marcus erfreut die Freundin **mit einem Geschenk**. („womit?")
Hominēs māgnā (cum) voluptāte spectāculum spectant. – Die Menschen betrachten mit **großem Vergnügen** das Schauspiel. („womit?"/„wie?")

Der **Ablativ** antwortet auch auf die Fragen „womit?"/„wie?" und gibt das Mittel/den Begleitumstand an.

1.6 Ablativ der Trennung

Cīvēs forō cēdunt. – Die Bürger entfernen sich **vom Forum.** („wovon?")
Multī hominēs cibō carent. – Viele Menschen haben **keine Nahrung**/sind **ohne Nahrung**. („Wovon" sind sie „getrennt"?)

Der **Ablativ** antwortet auch auf die Frage „wovon?" und gibt die Trennung an.

2 Prädikatsnomen – Praedicativum
2.1 Prädikatsnomen

*Mārcus **laetus** est.* – *Marcus ist **fröhlich**.*
*Galla **serva** est.* – *Galla ist **eine Sklavin**.*

Das Hilfsverb *esse* kann im Satz nicht allein stehen. Es braucht eine Ergänzung in Form eines Adjektivs oder Substantivs. In diesem Fall wird das Adjektiv oder Substantiv als **Prädikatsnomen** bezeichnet.

2.2 Praedicativum

*Hominēs **laetī** conveniunt.* – *Die Menschen kommen **fröhlich** zusammen.*
*Galla **serva** nāta est.* – *Galla ist **als Sklavin** geboren.*

Das Adjektiv *laetī* und das Substantiv *serva* geben eine Stimmung bzw. eine Lage an, in der sich das Subjekt jeweils befindet. Zugleich wird das Prädikat näher bestimmt. Diese Verwendung von Adjektiv bzw. Substantiv nennt man **Praedicativum**.

3 Infinitiv
3.1 Infinitiv als Subjekt oder Objekt

① *Rōmae ambulāre placet.* – *Es macht Spaß, in Rom spazieren zu gehen.* (Subjektsinfinitiv)
② *Rōmae ambulāre volō.* – *Ich will in Rom spazieren gehen.* (Objektsinfinitiv)

Der Subjektsinfinitiv steht nach unpersönlichen Ausdrücken wie *licet* und *placet* ①, der Objektsinfinitiv nach Verben wie *solēre, cōgitāre, studēre, dēbēre, posse* und *velle* ②.

3.2 AcI als Objekt oder Subjekt

① *Quīntus **Flāviam vīvere** audit.* – *Quīntus hört, **dass Flavia lebt**.*
② *Quīntus **pīrātās nāvem Rōmānam invāsisse** scit.* – *Quīntus weiß, **dass Piraten das römische Schiff angegriffen haben**.*
③ *Quīntus **Flāviam in Galliā manēre** nōn vult.* – *Quīntus will nicht, **dass Flavia in Gallien bleibt**.*
④ ***Flāviam servitūtem nōn sustinēre** appāret.* – *Es ist offensichtlich, **dass Flavia ihr Sklavendasein nicht aushält**.*

Der AcI ist ein vom Prädikat „abhängiges" Satzglied, das im Deutschen meistens durch einen „dass-Satz" wiedergegeben wird. Dieser „dass-Satz" kann eine Handlung ausdrücken, die **gleichzeitig** (im Lat. **Infinitiv der Gleichzeitigkeit**) ①/③/④ oder **vorzeitig** (im Lat. **Infinitiv der Vorzeitigkeit**) ② zur Handlung des Prädikates geschieht.
Der AcI als Objekt steht nach Verben des Wahrnehmens, Glaubens, Wissens, Sagens und nach Verben, die eine Stimmung ausdrücken ①/②. Der AcI als Subjekt steht nach unpersönlichen Ausdrücken wie *appāret* ④.
Bei Verben wie *velle, nōlle* und *cupere* kann sowohl ein AcI ③ als auch ein Infinitiv als Objekt stehen (vgl. 3.1).

4 Satzreihe – Satzgefüge

4.1 | Aufidius gaudet; | | nam \ gladiatores' iam pugnant. |

Aufidius freut sich; denn die Gladiatoren kämpfen schon.

Zwei Hauptsätze, die in der Regel durch eine Konjunktion miteinander verbunden sind, bilden eine **Satzreihe**. Die einzelnen Sätze sind **beigeordnet**.

4.2 | Aufidius gaudet, | quod \ filio pugna gladiatorum' placet. |

Aufidius freut sich, weil dem Sohn der Gladiatorenkampf gefällt.

Wenn ein Hauptsatz und ein Gliedsatz miteinander verbunden werden, bilden sie ein **Satzgefüge**. Der Gliedsatz ist dem Hauptsatz **untergeordnet**. Oft wird der Gliedsatz durch eine **Subjunktion** eingeleitet.

5 Interrogativsätze

① **Nōnne** Flāvia semper Quīntum cōgitat? – Denkt **denn** Flavia **nicht** immer an Quintus?
② **Num** timet pīrātās? – Hat sie **etwa** Angst vor den Piraten?
③ Nāviga**ntne** iam diū in Crētam? – Sind sie schon lange auf der Fahrt nach Kreta?

1. Zu den Hauptsätzen zählen neben den Aussage- und Aufforderungssätzen auch die **Interrogativsätze (Fragesätze)**. Man unterscheidet zwischen Wort- und Satzfragen.
2. Die **Satzfragen** sind in einer besonderen Weise formuliert. **Fragesignale** zeigen an, welche Antwort der Fragende jeweils erwartet:

Fragesignal	erwartete Antwort
① nōnne („denn nicht")	ja/doch
② num („etwa")	nein
③ -ne (?)	ja oder nein

(an betontes Wort angehängt)

6 Relativsatz

Flāvia, { *quae* opus clārum explānat, *cui* cūnctī favent, } pulchra est.

Flavia, { *die* das berühmte Werk erklärt, *der* alle gewogen sind, } ist schön.

1. Der Relativsatz ist eine weitere Art des Gliedsatzes. Er wird durch das **Relativ-Pronomen** eingeleitet. Das Relativ-Pronomen hat ein **Bezugswort** im übergeordneten Satz, mit dem es in **Numerus** und **Genus** übereinstimmt.
2. Der **Kasus** des Relativ-Pronomens ergibt sich aus der **Satzgliedfunktion**, die es im Relativsatz hat.

Zur Formenlehre des Nomens

Deklinationen

Substantive

		ā-Deklination	o-Deklination				Konsonantische Deklination		
		Freundin f	*Freund* m	*Feld* m	*Junge* m	*Geschenk* n	*Sieger* m	*Mensch* m	*Vater* m
Sg.	Nom.	amīca	amīcus	ager	puer	dōnum	victor	homō	pater
	Gen.	amīcae	amīcī	agrī	puerī	dōnī	victōris	hominis	patris
	Dat.	amīcae	amīcō	agrō	puerō	dōnō	victōrī	hominī	patrī
	Akk.	amīcam	amīcum	agrum	puerum	dōnum	victōrem	hominem	patrem
	Abl.	ā/ab amīcā	ā/ab amīcō	agrō	puerō	dōnō	cum victōre	homine	patre
	Vok.	amīca	amīce	–	puer	–	victor	homō	pater
Pl.	Nom.	amīcae	amīcī	agrī	puerī	dōna	victōrēs	hominēs	patrēs
	Gen.	amīcārum	amīcōrum	agrōrum	puerōrum	dōnōrum	victōrum	hominum	patrum
	Dat.	amīcīs	amīcīs	agrīs	puerīs	dōnīs	victōribus	hominibus	patribus
	Akk.	amīcās	amīcōs	agrōs	puerōs	dōna	victōrēs	hominēs	patrēs
	Abl.	ā/ab amīcīs	ā/ab amīcīs	agrīs	puerīs	dōnīs	cum victōribus	hominibus	patribus
	Vok.	amīcae	amīcī	–	puerī	–	victōrēs	hominēs	patrēs

		Konsonantische Deklination				Besonderheiten		
		Staat f	*Licht* f	*Geschlecht* n	*Name* n	*Schiff* f	*Stadt* f	*Meer* n
Sg.	Nom.	cīvitās	lūx	genus	nōmen	nāvis	urbs	mare
	Gen.	cīvitātis	lūcis	generis	nōminis	nāvis	urbis	maris
	Dat.	cīvitātī	lūcī	generī	nōminī	nāvī	urbī	marī
	Akk.	cīvitātem	lūcem	genus	nōmen	nāvem	urbem	mare
	Abl.	ā/ab cīvitāte	lūce	dē genere	nōmine	ā/ab nāve	urbe	ā/ab marī
Pl.	Nom.	cīvitātēs	lūcēs	genera	nōmina	nāvēs	urbēs	maria
	Gen.	cīvitātum	lūcum	generum	nōminum	nāvium	urbium	marium
	Dat.	cīvitātibus	lūcibus	generibus	nōminibus	nāvibus	urbibus	maribus
	Akk.	cīvitātēs	lūcēs	genera	nōmina	nāvēs	urbēs	maria
	Abl.	ā/ab cīvitātibus	lūcibus	dē generibus	nōminibus	ā/ab nāvibus	urbibus	ā/ab maribus

		ē-Deklination	u-Deklination
		Sache f	*Heer* m
Sg.	Nom.	rēs	exercitus
	Gen.	reī	exercitūs
	Dat.	reī	exercituī
	Akk.	rem	exercitum
	Abl.	dē rē	cum exercitū
Pl.	Nom.	rēs	exercitūs
	Gen.	rērum	exercituum
	Dat.	rēbus	exercitibus
	Akk.	rēs	exercitūs
	Abl.	dē rēbus	cum exercitibus

Adjektive

I4

ā- und o-Deklination

	froh			rau		
	m	f	n	m	f	n
Sg. Nom.	laetus	laeta	laetum	asper	aspera	asperum
Gen.	laetī	laetae	laetī	asperī	asperae	asperī
Dat.	laetō	laetae	laetō	asperō	asperae	asperō
Akk.	laetum	laetam	laetum	asperum	asperam	asperum
Abl.	laetō	laetā	laetō	asperō	asperā	asperō
Vok.	laete	laeta	(laetum)	asper	aspera	(asperum)
Pl. Nom.	laetī	laetae	laeta	asperī	asperae	aspera
Gen.	laetōrum	laetārum	laetōrum	asperōrum	asperārum	asperōrum
Dat.	laetīs	laetīs	laetīs	asperīs	asperīs	asperīs
Akk.	laetōs	laetās	laeta	asperōs	asperās	aspera
Abl.	laetīs	laetīs	laetīs	asperīs	asperīs	asperīs

I5

Konsonantische Deklination

	scharf			kurz		glücklich	
	m	f	n	m/f	n	m/f	n
Sg. Nom.	ācer	ācris	ācre	brevis	breve	fēlīx	
Gen.		ācris		brevis		fēlīcis	
Dat.		ācrī		brevī		fēlīcī	
Akk.	ācrem		ācre	brevem	breve	fēlīcem	fēlīx
Abl.		ācrī		brevī		fēlīcī	
Pl. Nom.	ācrēs		ācria	brevēs	brevia	fēlīcēs	fēlīcia
Gen.		ācrium		brevium		fēlīcium	
Dat.		ācribus		brevibus		fēlīcibus	
Akk.	ācrēs		ācria	brevēs	brevia	fēlīcēs	fēlīcia
Abl.		ācribus		brevibus		fēlīcibus	

„drei-endig"   „zwei-endig"   „ein-endig"

Pronomen

Personal-Pronomen II₁

				reflexiv						reflexiv	
1. P. Sg.	Nom. Dat. Akk. Abl.	ego mihī mē mēcum	ich mir mich mit mir			1. P. Pl.	Nom. Dat. Akk. Abl.	nōs nōbīs nōs nōbīscum	wir uns uns mit uns		
2. P. Sg.	Nom. Dat. Akk. Abl.	tū tibī tē tēcum	du dir dich mit dir			2. P. Pl.	Nom. Dat. Akk. Abl.	vōs vōbīs vōs vōbīscum	ihr euch euch mit euch		
3. P. Sg.	Nom. Dat.	is, ea, id eī, eī, eī	er, sie, es ihm, ihr, ihm	sibī	sich	3. P. Pl.	Nom. Dat.	iī (eī), eae, ea eīs (iīs), eīs (iīs), eīs (iīs)	sie ihnen	sibī	sich
	Akk. Abl.	eum, eam, id cum eō, cum eā, eō	ihn, sie, es mit ihm, ihr, ihm	sē sēcum	sich mit/ bei sich		Akk. Abl.	eōs, eās, ea cum eīs (iīs), cum eīs (iīs), eīs (iīs)	sie mit ihnen	sē sēcum	sich mit/ bei sich

Possessiv-Pronomen II₂

meus, mea, meum	*mein*
tuus, tua, tuum	*dein*
eius *(nicht refl.)*	*sein(e)/ihr(e)*
suus, sua, suum *(refl.)*	*sein(e)/ihr(e)*
noster, nostra, nostrum	*unser*
vester, vestra, vestrum	*euer*
eōrum, eārum, eōrum *(nicht refl.)*	*ihr(e)*
suus, sua, suum *(refl.)*	*ihr(e)*

Demonstrativ-Pronomen II₃

	Lateinisch						Deutsch				
	Singular			Plural			Singular			Plural	
	m	f	n	m	f	n					
Nom.	is	ea	id	iī (eī)	eae	ea	*dieser*	*diese*	*dieses*	*diese*	
Gen.	eius	eius	eius	eōrum	eārum	eōrum	*dieses*	*dieser*	*dieses*	*dieser*	
Dat.	eī	eī	eī	eīs (iīs)	eīs (iīs)	eīs (iīs)	*diesem*	*dieser*	*diesem*	*diesen*	
Akk.	eum	eam	id	eōs	eās	ea	*diesen*	*diese*	*dieses*	*diese*	
Abl.	cum eō	cum eā	eō	cum eīs (iīs)	cum eīs (iīs)	eīs (iīs)	*mit diesem*	*mit dieser*	*mit diesem*	*mit diesen*	

Tabellen

	Lateinisch						Deutsch			
	Singular			Plural			Singular			Plural
	m	f	n	m	f	n	m	f	n	
Nom.	hic	haec	hoc	hī	hae	haec	*dieser*	*diese*	*dieses*	*diese*
Gen.	huius	huius	huius	hōrum	hārum	hōrum	*dieses*	*dieser*	*dieses*	*dieser*
Dat.	huic	huic	huic	hīs	hīs	hīs	*diesem*	*dieser*	*diesem*	*diesen*
Akk.	hunc	hanc	hoc	hōs	hās	haec	*diesen*	*diese*	*dieses*	*diese*
Abl.	cum hōc	cum hāc	hōc	cum hīs	cum hīs	hīs	*mit diesem*	*mit dieser*	*mit diesem*	*mit diesen*

	Lateinisch						Deutsch			
	Singular			Plural			Singular			Plural
	m	f	n	m	f	n	m	f	n	
Nom.	ille	illa	illud	illī	illae	illa	*jener*	*jene*	*jenes*	*jene*
Gen.	illīus	illīus	illīus	illōrum	illārum	illōrum	*jenes*	*jener*	*jenes*	*jener*
Dat.	illī	illī	illī	illīs	illīs	illīs	*jenem*	*jener*	*jenem*	*jenen*
Akk.	illum	illam	illud	illōs	illās	illa	*jenen*	*jene*	*jenes*	*jene*
Abl.	cum illō	cum illā	illō	cum illīs	cum illīs	illīs	*mit jenem*	*mit jener*	*mit jenem*	*mit jenen*

	Lateinisch						Deutsch
	Singular			Plural			
	m	f	n	m	f	n	
Nom.	ipse	ipsa	ipsum	ipsī	ipsae	ipsa	
Gen.	ipsīus	ipsīus	ipsīus	ipsōrum	ipsārum	ipsōrum	
Dat.	ipsī	ipsī	ipsī	ipsīs	ipsīs	ipsīs	*selbst*
Akk.	ipsum	ipsam	ipsum	ipsōs	ipsās	ipsa	
Abl.	ipsō	ipsā	ipsō	ipsīs	ipsīs	ipsīs	

Relativ-Pronomen II₄

		quī, quae, quod					
		m	f	n			
Sg.	Nom.	quī	quae	quod	*der*	*die*	*das*
	Gen.	cuius	cuius	cuius	*dessen*	*deren*	*dessen*
	Dat.	cui	cui	cui	*dem*	*der*	*dem*
	Akk.	quem	quam	quod	*den*	*die*	*das*
	Abl.	quōcum	quācum	quō	*mit dem*	*mit der*	*mit dem*
Pl.	Nom.	quī	quae	quae	*die*	*die*	*die*
	Gen.	quōrum	quārum	quōrum	*deren*	*deren*	*deren*
	Dat.	quibus	quibus	quibus	*denen*	*denen*	*denen*
	Akk.	quōs	quās	quae	*die*	*die*	*die*
	Abl.	quibuscum	quibuscum	quibus	*mit denen*	*mit denen*	*mit denen*

Interrogativ-Pronomen II5

	Substantivisch	
	quis?/quid?	
Nom.	quis?/quid?	wer?/was?
Gen.	cuius?	wessen?
Dat.	cui?	wem?
Akk.	quem?/quid?	wen?/was?
Abl.	ā/dē quō?	von wem?/über wen?
	quōcum?	mit wem?

	Adjektivisch					
	quĭ, quae, quod?					
	m	f	n			
Nom.	quĭ	quae	quod	welcher?	welche?	welches?
Gen.	cuius	cuius	cuius	welches?	welcher?	welches?
usw.	usw. wie Relativ-Pron. Tab. II4			usw.	usw.	usw.

Numeralia III

Grundzahlen 1–3, Plural von 1000

ūnus			duo			trēs			mīlia
ūnus	ūna	ūnum	duo	duae	duo	trēs	trēs	tria	mīlia
ūnĭus	ūnĭus	ūnĭus	duōrum	duārum	duōrum	trium	trium	trium	mīlium
ūnĭ	ūnĭ	ūnĭ	duōbus	duābus	duōbus	tribus	tribus	tribus	mīlibus
ūnum	ūnam	ūnum	duō(s)	duās	duo	trēs	trēs	tria	mīlia
ūnō	ūnā	ūnō	duōbus	duābus	duōbus	tribus	tribus	tribus	mīlibus

Grund- und Ordnungszahlen 1–10

Ziffer		Grundzahl	Ordnungszahl
1	I	ūnus, ūna, ūnum	prĭmus, -a, -um
2	II	duo, duae, duo	secundus, -a, -um
3	III	trēs, trēs, tria	tertius, -a, -um
4	IV	quattuor	quārtus, -a, -um
5	V	quĭnque	quĭntus, -a, -um
6	VI	sex	sextus, -a, -um
7	VII	septem	septimus, -a, -um
8	VIII	octō	octāvus, -a, -um
9	IX	novem	nōnus, -a, -um
10	X	decem	decimus, -a, -um

Zur Formenlehre des Verbs

Konjugationen

Präsens, Imperfekt, Futur I Aktiv   IV₁

		ā-Konjugation	ē-Konjugation	ī-Konjugation	Konsonantische Konjugation	ĭ-Konjugation (kurzvokalisch)
	Infinitiv	*(zu) rufen* vocā-re	*(zu) mahnen* monē-re	*(zu) hören* audī-re	*(zu) schicken* mitt-ĕ-re	*(zu) fangen* capĕ-re
Präsens				Indikativ		
	ich rufe, …	voc-ō vocā-s voca-t vocā-mus vocā-tis voca-nt	mone-ō monē-s mone-t monē-mus monē-tis mone-nt	audi-ō audī-s audi-t audī-mus audī-tis audi-*unt*	mitt-ō mitt-*is* mitt-*it* mitt-*i*mus mitt-*i*tis mitt-*u*nt	capĭ-ō capĭ-s capĭ-t capĭ-mus capĭ-tis capĭ-*u*nt
				Konjunktiv		
		voc-em voc-ēs voc-et voc-ēmus voc-ētis voc-ent	mone-am mone-ās mone-at mone-āmus mone-ātis mone-ant	audi-am audi-ās audi-at audi-āmus audi-ātis audi-ant	mitt-am mitt-ās mitt-at mitt-āmus mitt-ātis mitt-ant	capĭ-am capĭ-ās capĭ-at capĭ-āmus capĭ-ātis capĭ-ant
Imperfekt				Indikativ		
	ich rief, …	vocā-**bam** vocā-**bās** vocā-**bat** vocā-**bāmus** vocā-**bātis** vocā-**bant**	monē-**bam** monē-**bās** monē-**bat** monē-**bāmus** monē-**bātis** monē-**bant**	audi-**ēbam** audi-**ēbās** audi-**ēbat** audi-**ēbāmus** audi-**ēbātis** audi-**ēbant**	mitt-**ēbam** mitt-**ēbās** mitt-**ēbat** mitt-**ēbāmus** mitt-**ēbātis** mitt-**ēbant**	capĭ-**ēbam** capĭ-**ēbās** capĭ-**ēbat** capĭ-**ēbāmus** capĭ-**ēbātis** capĭ-**ēbant**
				Konjunktiv		
		vocā-rem vocā-rēs vocā-ret vocā-rēmus vocā-rētis vocā-rent	monē-rem monē-rēs monē-ret monē-rēmus monē-rētis monē-rent	audī-rem audī-rēs audī-ret audī-rēmus audī-rētis audī-rent	mitt-*e*-rem mitt-*e*-rēs mitt-*e*-ret mitt-*e*-rēmus mitt-*e*-rētis mitt-*e*-rent	capĕ-rem capĕ-rēs capĕ-ret capĕ-rēmus capĕ-rētis capĕ-rent
Futur I	*ich werde rufen, …*	vocā-**b**ō vocā-**b***is* vocā-**b***it* vocā-**b***i*mus vocā-**b***i*tis vocā-**b***u*nt	monē-**b**ō monē-**b***is* monē-**b***it* monē-**b***i*mus monē-**b***i*tis monē-**b***u*nt	audi-am audi-ēs audi-et audi-ēmus audi-ētis audi-ent	mitt-am mitt-ēs mitt-et mitt-ēmus mitt-ētis mitt-ent	capĭ-am capĭ-ēs capĭ-et capĭ-ēmus capĭ-ētis capĭ-ent
	Imperativ					
	rufe! *ruft!*	vocā! vocā-te!	monē! monē-te!	audī! audī-te!	mitt -ĕ! mitt -*i*te!	capĕ! capĕ-te!

Präsens, Imperfekt, Futur I Passiv IV₂

		ā-Konjugation	ē-Konjugation	ī-Konjugation	Konsonantische Konjugation	ĭ-Konjugation (kurzvokalisch)
	Infinitiv	*gerufen (zu) werden* vocā-rī	*gemahnt (zu) werden* monē-rī	*gehört (zu) werden* audī-rī	*geschickt (zu) werden* mitt-ī	*gefangen (zu) werden* capī
Präsens				Indikativ		
	ich werde gerufen, …	voc-or vocā-ris vocā-tur vocā-mur vocā-minī voca-ntur	mone-or monē-ris monē-tur monē-mur monē-minī mone-ntur	audi-or audī-ris audī-tur audī-mur audī-minī audi-*u*ntur	mitt-or mitt-eris mitt-*i*tur mitt-*i*mur mitt-*i*minī mitt-*u*ntur	capĭ-or cape-ris capĭ-tur capĭ-mur capĭ-minī capĭ-*u*ntur
				Konjunktiv		
		voc-er voc-ēris voc-ētur voc-ēmur voc-ēminī voc-entur	mone-ar mone-āris mone-ātur mone-āmur mone-āminī mone-antur	audi-ar audi-āris audi-ātur audi-āmur audi-āminī audi-antur	mitt-ar mitt-āris mitt-ātur mitt-āmur mitt-āminī mitt-antur	capĭ-ar capĭ-āris capĭ-ātur capĭ-āmur capĭ-āminī capĭ-antur
Imperfekt				Indikativ		
	ich wurde gerufen, …	vocā-**ba**r vocā-**bā**ris vocā-**bā**tur vocā-**bā**mur vocā-**bā**minī vocā-**ba**ntur	monē-**ba**r monē-**bā**ris monē-**bā**tur monē-**bā**mur monē-**bā**minī monē-**ba**ntur	audi-**ē**bar audi-**ēbā**ris audi-**ēbā**tur audi-**ēbā**mur audi-**ēbā**minī audi-**ē**bantur	mitt-**ē**bar mitt-**ēbā**ris mitt-**ēbā**tur mitt-**ēbā**mur mitt-**ēbā**minī mitt-**ē**bantur	capĭ-**ē**bar capĭ-**ēbā**ris capĭ-**ēbā**tur capĭ-**ēbā**mur capĭ-**ēbā**minī capĭ-**ē**bantur
				Konjunktiv		
		vocā-rer vocā-rēris vocā-rētur vocā-rēmur vocā-rēminī vocā-rentur	monē-rer monē-rēris monē-rētur monē-rēmur monē-rēminī monē-rentur	audī-rer audī-rēris audī-rētur audī-rēmur audī-rēminī audī-rentur	mitt-e-rer mitt-e-rēris mitt-e-rētur mitt-e-rēmur mitt-e-rēminī mitt-e-rentur	capĕ-rer capĕ-rēris capĕ-rētur capĕ-rēmur capĕ-rēminī capĕ-rentur
Futur I	*ich werde gerufen werden, …*	vocā-**bo**r vocā-**be**ris vocā-**bi**tur vocā-**bi**mur vocā-**bi**minī vocā-**bu**ntur	monē-**bo**r monē-**be**ris monē-**bi**tur monē-**bi**mur monē-**bi**minī monē-**bu**ntur	audi-ar audi-ēris audi-ētur audi-ēmur audi-ēminī audi-entur	mitt-ar mitt-ēris mitt-ētur mitt-ēmur mitt-ēminī mitt-entur	capĭ-ar capĭ-ēris capĭ-ētur capĭ-ēmur capĭ-ēminī capĭ-entur

Perfekt, Plusquamperfekt, Futur II Aktiv   IV₃

		ā-Konjugation	ē-Konjugation	ī-Konjugation	Konsonantische Konjugation	ĭ-Konjugation (kurzvokalisch)
	Infinitiv	*gerufen (zu) haben* vocāv-isse	*gemahnt (zu) haben* monu-isse	*gehört (zu) haben* audīv-isse	*geschickt (zu) haben* mīs-isse	*gefangen (zu) haben* cēp-isse
		Indikativ				
Perfekt	*ich habe gerufen, …*	vocāv-ī vocāv-istī vocāv-it vocāv-imus vocāv-istis vocāv-ērunt	monu-ī monu-istī monu-it monu-imus monu-istis monu-ērunt	audīv-ī audīv-istī audīv-it audīv-imus audīv-istis audīv-ērunt	mīs-ī mīs-istī mīs-it mīs-imus mīs-istis mīs-ērunt	cēp-ī cēp-istī cēp-it cēp-imus cēp-istis cēp-ērunt
		Konjunktiv				
		vocāv-erim vocāv-eris vocāv-erit vocāv-erimus vocāv-eritis vocāv-erint	monu-erim monu-eris monu-erit monu-erimus monu-eritis monu-erint	audīv-erim audīv-eris audīv-erit audīv-erimus audīv-eritis audīv-erint	mīs-erim mīs-eris mīs-erit mīs-erimus mīs-eritis mīs-erint	cēp-erim cēp-eris cēp-erit cēp-erimus cēp-eritis cēp-erint
		Indikativ				
Plusquamperfekt	*ich hatte gerufen, …*	vocāv-eram vocāv-erās vocāv-erat vocāv-erāmus vocāv-erātis vocāv-erant	monu-eram monu-erās monu-erat monu-erāmus monu-erātis monu-erant	audīv-eram audīv-erās audīv-erat audīv-erāmus audīv-erātis audīv-erant	mīs-eram mīs-erās mīs-erat mīs-erāmus mīs-erātis mīs-erant	cēp-eram cēp-erās cēp-erat cēp-erāmus cēp-erātis cēp-erant
		Konjunktiv				
		vocāv-issem vocāv-issēs vocāv-isset vocāv-issēmus vocāv-issētis vocāv-issent	monu-issem monu-issēs monu-isset monu-issēmus monu-issētis monu-issent	audīv-issem audīv-issēs audīv-isset audīv-issēmus audīv-issētis audīv-issent	mīs-issem mīs-issēs mīs-isset mīs-issēmus mīs-issētis mīs-issent	cēp-issem cēp-issēs cēp-isset cēp-issēmus cēp-issētis cēp-issent
Futur II	*ich werde gerufen haben, …*	vocāv-erō vocāv-eris vocāv-erit vocāv-erimus vocāv-eritis vocāv-erint	monu-erō monu-eris monu-erit monu-erimus monu-eritis monu-erint	audīv-erō audīv-eris audīv-erit audīv-erimus audīv-eritis audīv-erint	mīs-erō mīs-eris mīs-erit mīs-erimus mīs-eritis mīs-erint	cēp-erō cēp-eris cēp-erit cēp-erimus cēp-eritis cēp-erint

Perfekt, Plusquamperfekt, Futur II Passiv — IV₄

	Infinitiv	ā-Konjugation	ē-Konjugation	ī-Konjugation	Konsonantische Konjugation	ĭ-Konjugation (kurzvokalisch)
		gerufen worden (zu) sein vocātum, -am, -um esse	gemahnt worden (zu) sein monitum, -am, -um esse	gehört worden (zu) sein audītum, -am, -um esse	geschickt worden (zu) sein missum, -am, -um esse	gefangen worden (zu) sein captum, -am, -um esse
Perfekt				*Indikativ*		
	ich bin gerufen worden, …	vocātus, -a, -um { sum, es, est } vocātī, -ae, -a { sumus, estis, sunt }	monitus, -a, -um { sum, es, est } monitī, -ae, -a { sumus, estis, sunt }	audītus, -a, -um { sum, es, est } audītī, -ae, -a { sumus, estis, sunt }	missus, -a, -um { sum, es, est } missī, -ae, -a { sumus, estis, sunt }	captus, -a, -um { sum, es, est } captī, -ae, -a { sumus, estis, sunt }
				Konjunktiv		
		vocātus, -a, -um { sim, sīs, sit } vocātī, -ae, -a { sīmus, sītis, sint }	monitus, -a, -um { sim, sīs, sit } monitī, -ae, -a { sīmus, sītis, sint }	audītus, -a, -um { sim, sīs, sit } audītī, -ae, -a { sīmus, sītis, sint }	missus, -a, -um { sim, sīs, sit } missī, -ae, -a { sīmus, sītis, sint }	captus, -a, -um { sim, sīs, sit } captī, -ae, -a { sīmus, sītis, sint }
Plusquamperfekt				*Indikativ*		
	ich war gerufen worden, …	vocātus, -a, -um { eram, erās, erat } vocātī, -ae, -a { erāmus, erātis, erant }	monitus, -a, -um { eram, erās, erat } monitī, -ae, -a { erāmus, erātis, erant }	audītus, -a, -um { eram, erās, erat } audītī, -ae, -a { erāmus, erātis, erant }	missus, -a, -um { eram, erās, erat } missī, -ae, -a { erāmus, erātis, erant }	captus, -a, -um { eram, erās, erat } captī, -ae, -a { erāmus, erātis, erant }
				Konjunktiv		
		vocātus, -a, -um { essem, essēs, esset } vocātī, -ae, -a { essēmus, essētis, essent }	monitus, -a, -um { essem, essēs, esset } monitī, -ae, -a { essēmus, essētis, essent }	audītus, -a, -um { essem, essēs, esset } audītī, -ae, -a { essēmus, essētis, essent }	missus, -a, -um { essem, essēs, esset } missī, -ae, -a { essēmus, essētis, essent }	captus, -a, -um { essem, essēs, esset } captī, -ae, -a { essēmus, essētis, essent }
Futur II	ich werde gerufen worden sein, …	vocātus, -a, -um { erō, eris, erit } vocātī, -ae, -a { erimus, eritis, erunt }	monitus, -a, -um { erō, eris, erit } monitī, -ae, -a { erimus, eritis, erunt }	audītus, -a, -um { erō, eris, erit } audītī, -ae, -a { erimus, eritis, erunt }	missus, -a, -um { erō, eris, erit } missī, -ae, -a { erimus, eritis, erunt }	captus, -a, -um { erō, eris, erit } captī, -ae, -a { erimus, eritis, erunt }

Nominalformen des Verbs – Infinitive IV₅

Infinitiv		ā-Konjugation	ē-Konjugation	ī-Konjugation	Konsonantische Konjugation	ĭ-Konjugation (kurzvokalisch)
AKTIV	Präsens	vocā-re	monē-re	audī-re	mitt-e-re	cape-re
	Perfekt	vocāv-isse	monu-isse	audīv-isse	mīs-isse	cēp-isse
PASSIV	Präsens	vocā-rī	monē-rī	audī-rī	mitt-ī	capī
	Perfekt	vocā-t-um, -am, -um esse	moni-t-um, -am, -um esse	audī-t-um, -am, -um esse	mis-s-um, -am, -um esse	cap-t-um, -am, -um esse

Nominalformen des Verbs – Partizipien

Partizip		ā-Konjugation	ē-Konjugation	ī-Konjugation	Konsonantische Konjugation	ĭ-Konjugation (kurzvokalisch)
AKTIV	Präsens	vocā-ns, -ntis	monē-ns, -ntis	audi-ē-ns, -ntis	mitt-ē-ns, -ntis	capi-ē-ns, -ntis
PASSIV	Perfekt	vocā-t-us, -a, -um	moni-t-us, -a, -um	audī-t-us, -a, -um	mis-s-us, -a, -um	cap-t-us, -a, -um

Tabelle der Verben
ā-Konjugation V₁

Perfekt-Bildung mit -v-

1. vocō   vocāvī   vocātum   vocāre   rufen; nennen

In gleicher Weise werden die Stammformen der meisten Verben der ā-Konjugation gebildet.

Perfekt-Bildung durch Reduplikation

2. dō   dedī   datum   dare   (von sich) geben; gestatten
   - circum|dō   circumdedī   circumdatum   circumdare   umgeben; umzingeln
3. stō   stetī   statum   stāre   (da)stehen
   - circum|stō   circumstetī   –   circumstāre   um ... herum stehen
   - īn|stō   īnstitī   –   īnstāre   drohen, bevorstehen
   - prae|stō   praestitī   –   praestāre   (*m. Dat.*) übertreffen; (*m. Akk.*) leisten; zeigen
   - re|stō   restitī   –   restāre   übrig sein, übrig bleiben; überleben

ē-Konjugation V₂

Perfekt-Bildung mit -v-

1. dēleō   dēlēvī   dēlētum   dēlēre   zerstören, vernichten
2. fleō   flēvī   flētum   flēre   weinen; beklagen

Perfekt-Bildung mit -u-

3. arceō   arcuī   –   arcēre   abwehren, fern halten
4. careō   caruī   –   carēre (*m. Abl.*)   frei sein (*von etw.*), (*etw.*) nicht haben
5. cēnseō   cēnsuī   cēnsum   cēnsēre   (ein)schätzen; der Ansicht sein; (*m. doppeltem Akk.*) halten für

6.	doceō	docuī	doctum	docēre	unterrichten; lehren
7.	exerceō	exercuī	–	exercēre	(aus)üben; ausbilden
8.	flōreō	flōruī	–	flōrēre	blühen; hervorragend sein
9.	habeō	habuī	habitum	habēre	haben; halten
	ad|hibeō	adhibuī	adhibitum	adhibēre	anwenden; hinzuziehen
	dēbeō	dēbuī	dēbitum	dēbēre	(m. Inf.) müssen; verdanken; schulden
	praebeō	praebuī	praebitum	praebēre	(dar)reichen, gewähren
	pro|hibeō	prohibuī	prohibitum	prohibēre	abhalten, hindern
10.	horreō	horruī	–	horrēre (m. Akk.)	erschrecken (vor), schaudern
11.	iaceō	iacuī	–	iacēre	(da)liegen
12.	lateō	latuī	–	latēre	verborgen sein
13.	moneō	monuī	monitum	monēre	erinnern; mahnen, auffordern
14.	noceō	nocuī	–	nocēre	schaden
15.	pāreō	pāruī	–	pārēre	gehorchen; befolgen
	ap|pāreō	appāruī	–	appārēre	erscheinen, sich zeigen; offensichtlich sein
16.	pateō	patuī	–	patēre	offen stehen; klar sein; sich erstrecken
17.	placeō	placuī	placitum	placēre	gefallen; Spaß machen
18.	studeō	studuī	–	studēre (m. Dat.)	sich bemühen (um); wollen; sich bilden
19.	taceō	tacuī	–	tacēre	schweigen, still sein
20.	teneō	tenuī	–	tenēre	(zurück)halten; sich erinnern
	abs|tineō	abstinuī	–	(sē) abstinēre	sich enthalten
	ob|tineō	obtinuī	–	obtinēre	erlangen; behaupten
	sus|tineō	sustinuī	–	sustinēre	aushalten, ertragen
21.	terreō	terruī	territum	terrēre	(jmdn.) erschrecken
	per|terreō	perterruī	perterritum	perterrēre	einschüchtern; heftig erschrecken
22.	timeō	timuī	–	timēre	(sich) fürchten, Angst haben (vor)
23.	valeō	valuī –	–	valēre	gesund sein; Einfluss haben

Unpersönliche Ausdrücke

24.	appāret	appāruit	–	appārēre	es ist offensichtlich
25.	licet	licuit	–	licēre (m. Dat.)	es ist möglich; es ist erlaubt, (jmd.) darf
26.	oportet	oportuit	–	oportēre	es ist nötig, es gehört sich; man darf

Perfekt-Bildung mit -s-

27.	ārdeō	ārsī	–	ārdēre	(ver)brennen; entbrannt sein
28.	iubeō	iussī	iussum	iubēre (m. Akk.)	(jmdm.) befehlen, (jmdn.) beauftragen
29.	maneō	mānsī	–	manēre	bleiben; erwarten
30.	rīdeō	rīsī	rīsum	rīdēre	lachen
	ir|rīdeō	irrīsī	irrīsum	irrīdēre	verspotten
31.	suādeō	suāsī	suāsum	suādēre	raten, zureden
	per|suādeō	persuāsī	persuāsum	persuādēre	(m. AcI) (jmdn.) überzeugen; (m. Dat.) (m. ut m. Konj.) (jmdn.) überreden

Perfekt-Bildung durch Dehnung

32.	caveō	cāvī	cautum	cavēre (m. Akk.)	sich hüten (vor); Acht geben (auf)
33.	faveō	fāvī	fautum	favēre (m. Dat.)	gewogen sein; (jmdn.) begünstigen
34.	moveō	mōvī	mōtum	movēre	bewegen; beeinflussen
	com|moveō	commōvī	commōtum	commovēre	erregen; bewegen, veranlassen
	per|moveō	permōvī	permōtum	permovēre	beunruhigen; veranlassen
35.	sedeō	sēdī	sessum	sedēre	(da)sitzen
	ob|sideō	obsēdī	obsessum	obsidēre	belagern; bedrängen
36.	videō	vīdī	vīsum	vidēre	sehen

Perfekt-Bildung durch Reduplikation

37.	(pendeō	pependī	–	pendēre	hängen)
	im|pendeō	–	–	impendēre	hängen über; drohen
38.	(spondeō	spopondī	spōnsum	spondēre	geloben)
	re|spondeō	respondī	respōnsum	respondēre	antworten, entgegnen

Ī-Konjugation (langvokalisch) V₃

Perfekt-Bildung mit -v-

1.	audiō	audīvī	audītum	audīre	(an-, er-, zu)hören
2.	custōdiō	custōdīvī	custōdītum	custōdīre	bewachen
3.	dormiō	dormīvī	–	dormīre	schlafen
4.	fīniō	fīnīvī	fīnītum	fīnīre	(be)enden
5.	mūniō	mūnīvī	mūnītum	mūnīre	befestigen
6.	saeviō	–	saevītum	saevīre	wüten, toben
7.	sciō	scīvī	scītum	scīre	wissen, verstehen
	ne|sciō	nescīvī	–	nescīre	nicht wissen, nicht verstehen

Perfekt-Bildung mit -u-

8.	aperiō	aperuī	apertum	aperīre	öffnen; aufdecken

Perfekt-Bildung mit -s-

9.	sentiō	sēnsī	sēnsum	sentīre	fühlen; merken; meinen
	cōn|sentiō	cōnsēnsī	cōnsēnsum	cōnsentīre	übereinstimmen

Perfekt-Bildung durch Dehnung

10.	veniō	vēnī	ventum	venīre	kommen
	circum|veniō	circumvēnī	circumventum	circumvenīre	umzingeln, umringen
	con|veniō	convēnī	conventum	convenīre	zusammenkommen; -passen; (m. Akk.) treffen
	in|veniō	invēnī	inventum	invenīre	(er)finden
	per|veniō	pervēnī	perventum	pervenīre	hinkommen, ankommen; (hin)gelangen

Perfekt-Bildung durch Reduplikation

11.	com|periō	comperī	compertum	comperīre	erfahren, in Erfahrung bringen

Konsonantische Konjugation V₄

Perfekt-Bildung mit -v-

1.	arcessō	arcessīvī	arcessītum	arcessere	herbeirufen, holen
2.	crēscō	crēvī	–	crēscere	wachsen, zunehmen
3.	(nōscō	nōvī	nōtum	nōscere	kennen lernen)
	cog|nōscō	cognōvī	cognitum	cognōscere	erfahren; erkennen; kennen lernen
	īg|nōscō	īgnōvī	īgnōtum	īgnōscere	verzeihen
4.	petō	petīvī	petītum	petere	bitten, verlangen; angreifen; aufsuchen; gehen/fahren nach
5.	quaerō	quaesīvī	quaesītum	quaerere	suchen; erwerben; fragen
6.	quiēscō	quiēvī	–	quiēscere	(aus)ruhen; schlafen
7.	sinō	sīvī	situm	sinere	(zu)lassen, erlauben
	dē|sinō	dēsiī	dēsitum	dēsinere	aufhören

Perfekt-Bildung mit -u-

8.	alō	aluī	altum	alere	ernähren; großziehen
9.	colō	coluī	cultum	colere	pflegen; verehren; bebauen
10.	cōnsulō	cōnsuluī	cōnsultum	cōnsulere	(m. Akk.) um Rat fragen, befragen; (m. Dat.) sorgen für
11.	gignō	genuī	genitum	gignere	(er)zeugen, hervorbringen
12.	pōnō	posuī	positum	pōnere	setzen; stellen; legen
	com|pōnō	composuī	compositum	compōnere	zusammenstellen, ordnen; verfassen; vergleichen
	dē|pōnō	dēposuī	dēpositum	dēpōnere	niederlegen; aufgeben
	ex|pōnō	exposuī	expositum	expōnere	ausstellen; aussetzen; darlegen
	im|pōnō	imposuī	impositum	impōnere	setzen, stellen, legen (an, auf, in); bringen; auferlegen
	prō|pōnō	prōposuī	prōpositum	prōpōnere	in Aussicht stellen; vorschlagen
13.	(serō	seruī	sertum	serere	aneinander reihen)
	dē|serō	dēseruī	dēsertum	dēserere	im Stich lassen, verlassen
	dis|serō	disseruī	dissertum	disserere	sprechen über, erörtern

Perfekt-Bildung mit -s-

14.	cēdō	cessī	cessum	cēdere	(weg)gehen; nachgeben; überlassen
	ac|cēdō	accessī	accessum	accēdere	herantreten; hingehen
	con|cēdō	concessī	concessum	concēdere	erlauben, zugestehen, einräumen
	dē|cēdō	dēcessī	dēcessum	dēcēdere	weggehen, gehen (aus)
	dis|cēdō	discessī	discessum	discēdere	weggehen, verschwinden
	in|cēdō	incessī	incessum	incēdere	befallen; einhergehen
	suc|cēdō	successī	successum	succēdere	anrücken (gegen); (nach)folgen, nachrücken
15.	claudō	clausī	clausum	claudere	(ab-, ein)schließen
16.	dīcō	dīxī	dictum	dīcere	sagen; sprechen; nennen
17.	dūcō	dūxī	ductum	dūcere	führen; ziehen; (m. doppeltem Akk.) halten für
	ab|dūcō	abdūxī	abductum	abdūcere	wegführen; (weg)bringen; verschleppen
	ad|dūcō	addūxī	adductum	addūcere	heranführen, veranlassen
	dē|dūcō	dēdūxī	dēductum	dēdūcere	abbringen; wegführen; hinführen
	re|dūcō	redūxī	reductum	redūcere	zurückführen; zurückbringen
18.	fīgō	fīxī	fīxum	fīgere	(an)heften, befestigen; auf etw. richten
19.	gerō	gessī	gestum	(sē) gerere	(aus)führen; tragen; (sich benehmen)
20.	(iungō	iūnxī	iūnctum	iungere	verbinden, vereinigen)
	ad|iungō	adiūnxī	adiūnctum	adiungere	anschließen; hinzufügen
21.	laedō	laesī	laesum	laedere	verletzen; kränken
22.	dī|ligō	dīlēxī	dīlēctum	dīligere	schätzen, lieben
	intel|legō	intellēxī	intellēctum	intellegere	verstehen; erkennen, einsehen
	neg|legō	neglēxī	neglēctum	neglegere	nicht (be)achten; vernachlässigen
23.	lūdō	lūsī	lūsum	lūdere	spielen, scherzen
24.	mittō	mīsī	missum	mittere	schicken; gehen lassen; werfen
	com|mittō	commīsī	commissum	committere	veranstalten; zustande bringen; anvertrauen
	dī|mittō	dīmīsī	dīmissum	dīmittere	entlassen, wegschicken; freilassen
	praeter|mittō	praetermīsī	praetermissum	praetermittere	verstreichen lassen
	prō|mittō	prōmīsī	prōmissum	prōmittere	versprechen
25.	plaudō	plausī	plausum	plaudere	Beifall klatschen, applaudieren
26.	premō	pressī	pressum	premere	(unter)drücken; bedrängen
	op|primō	oppressī	oppressum	opprimere	unterdrücken; überfallen, überwältigen

27. regō	rēxī	rēctum	regere	(be)herrschen
per|gō	perrēxī	perrēctum	pergere	weitermachen, (etw.) weiter (tun)
por|rigō	porrēxī	porrēctum	porrigere	ausstrecken; ausbreiten, ausdehnen
su|rgō	surrēxī	surrēctum	surgere	aufstehen, sich erheben
28. scrībō	scrīpsī	scrīptum	scrībere	schreiben, verfassen
29. spargō	sparsī	sparsum	spargere	bespritzen; verbreiten
30. stringō	strīnxī	strictum	stringere	ziehen; streifen
31. (struō	strūxī	strūctum	struere	schichten, bauen)
ex|struō	exstrūxī	exstrūctum	exstruere	errichten, erbauen
32. sūmō	sūmpsī	sūmptum	sūmere	nehmen
33. trahō	trāxī	tractum	trahere	ziehen; schleppen
34. (vādō	–	–	vādere	gehen, schreiten)
ē|vādō	ēvāsī	–	ēvādere (m. Akk./ex)	entkommen, entgehen
in|vādō	invāsī	invāsum	invādere	eindringen, angreifen
35. vīvō	vīxī	–	vīvere	leben

Perfekt-Bildung durch Dehnung

36. agō	ēgī	āctum	agere	tun; handeln; aufführen; (m. Adv. und cum) umgehen (m. jmdm.)
cō|gō	coēgī	coāctum	cōgere	sammeln; zwingen
37. cōnsīdō	cōnsēdī	–	cōnsīdere	sich setzen, sich niederlassen
38. emō	ēmī	ēmptum	emere	kaufen
39. frangō	frēgī	frāctum	frangere	(zer)brechen
40. fundō	fūdī	fūsum	fundere	(aus)gießen; befeuchten
41. legō	lēgī	lēctum	legere	lesen; sammeln; auswählen
42. relinquō	relīquī	relictum	relinquere	zurücklassen, verlassen
43. rumpō	rūpī	ruptum	rumpere	(zer)brechen
cor|rumpō	corrūpī	corruptum	corrumpere	bestechen; verderben
inter|rumpō	interrūpī	interruptum	interrumpere	unterbrechen
44. vincō	vīcī	victum	vincere	(be)siegen; übertreffen

Perfekt-Bildung durch Reduplikation

45. cadō	cécidī	–	cadere	fallen, sinken
ác|cidit	áccidit	–	accidere	sich ereignen, zustoßen
óc|cidō	óccidī	–	occidere	untergehen; umkommen
46. caedō	cecīdī	caesum	caedere	niederschlagen; töten
47. canō	cecinī	cantātum	canere	(be)singen
48. currō	cucurrī	cursum	currere	laufen; eilen
ac|currō	accurrī	accursum	accurrere	herbeilaufen, angelaufen kommen
oc|currō	occurrī	occursum	occurrere	entgegenkommen, begegnen
49. (dō	dedī	datum	dare	[von sich] geben; gestatten)
ad|dō	addidī	additum	addere	hinzufügen
con|dō	condidī	conditum	condere	gründen; aufbewahren; bestatten
crēdō	crēdidī	crēditum	crēdere	glauben; (an)vertrauen
ē|dō	ēdidī	ēditum	ēdere	verkünden; herausgeben
red|dō	reddidī	redditum	reddere	zurückgeben; machen zu
trā|dō	trādidī	trāditum	trādere	übergeben, überliefern
vendō	vendidī	venditum	vendere	verkaufen
50. fallō	fefellī	–	fallere	täuschen, betrügen
51. parcō	pepercī	–	parcere (m. Dat.)	(jmdn.) schonen
52. pellō	pepulī	pulsum	pellere	schlagen, stoßen; vertreiben
ap|pellō	appulī	appulsum	appellere	herantreiben, heranbringen; Pass. landen
53. poscō	poposcī	–	poscere	fordern, verlangen
54. (stō	stetī	statum	stāre	[da]stehen

	cōn|sistō	cōnstitī	–	cōnsistere	stehen bleiben; sich hinstellen; bestehen (aus)
	re|sistō	restitī	–	resistere	Widerstand leisten
55.	tangō	tetigī	tāctum	tangere	berühren, anrühren
56.	tendō	tetendī	tentum	tendere	(aus)strecken; spannen; sich anstrengen
	con|tendō	contendī	contentum	contendere	sich anstrengen, eilen; kämpfen; behaupten
	os|tendō	ostendī	–	ostendere	zeigen
57.	tollō	sustulī	sublātum	tollere	hochheben; aufheben, beseitigen; vernichten

Perfekt-Bildung ohne Veränderung

58.	bibō	bibī	–	bibere	trinken
59.	ac|cendō	accendī	accēnsum	accendere	in Brand setzen; entflammen, aufregen
	in|cendō	incendī	incēnsum	incendere	anzünden; entflammen, in Aufregung versetzen
60.	dē|fendō	dēfendī	dēfēnsum	dēfendere	verteidigen; abwehren
	of|fendō	offendī	offēnsum	offendere	stoßen (auf); schlagen (an); beleidigen
61	metuō	metuī	–	metuere	sich fürchten; befürchten
62.	minuō	minuī	minūtum	minuere	vermindern, verringern; schmälern
63.	(prehendō	prehendī	prehēnsum	prehendere	ergreifen, fassen)
	com|prehendō	comprehendī	comprehēnsum	comprehendere	ergreifen, festnehmen; begreifen
	dē|prehendō	dēprehendī	dēprehēnsum	dēprehendere	entdecken; ergreifen; überraschen
64.	ruō	ruī	–	ruere	(auf jmdn.) losstürzen, zustürmen
65.	a|scendō	ascendī	ascēnsum	ascendere	hinaufsteigen, -klettern
	dē|scendō	dēscendī	dēscēnsum	dēscendere	herabsteigen; hinuntergehen, herabkommen
66.	statuō	statuī	statūtum	statuere	beschließen, entscheiden; aufstellen; festsetzen
	cōn|stituō	cōnstituī	cōnstitūtum	cōnstituere	beschließen; festsetzen
	īn|stituō	īnstituī	īnstitūtum	īnstituere	beginnen; einrichten; unterrichten
67.	tribuō	tribuī	tribūtum	tribuere	zuteilen; schenken; erweisen
68.	vertō	vertī	versum	vertere	wenden; drehen; verwandeln
	ā|vertō	āvertī	āversum	āvertere	abwenden; vertreiben
	animad|vertō	animadvertī	animadversum	animadvertere (in m. Akk.)	bemerken, entdecken; vorgehen (gegen jmdn.)
69.	volvō	volvī	volūtum	volvere	rollen, wälzen; überlegen

ĭ-Konjugation (kurzvokalisch) V5

Perfekt-Bildung mit -v-

1.	cupiō	cupīvī	cupītum	cupere	wünschen, begehren, verlangen

Perfekt-Bildung mit -u-

2.	rapiō	rapuī	raptum	rapere	(an sich, weg)reißen; rauben
	cor|ripiō	corripuī	correptum	corripere	(an)packen; an sich reißen
	ē|ripiō	ēripuī	ēreptum	ēripere	entreißen

Perfekt-Bildung mit -s-

3.	a|spiciō	aspexī	aspectum	aspicere	anblicken, ansehen
	cōn|spiciō	cōnspexī	cōnspectum	cōnspicere	erblicken

Tabellen

dē|spiciō	dēspexī	dēspectum	dēspicere	(*auf etw.*) herabblicken; verachten
per|spiciō	perspexī	perspectum	perspicere	erkennen, genau sehen, durchschauen
re|spiciō	respexī	respectum	respicere	denken an, berücksichtigen

Perfekt-Bildung durch Dehnung

4. capiō	cēpī	captum	capere	(ein)nehmen, erobern; (er)fassen, (er)greifen
ac|cipiō	accēpī	acceptum	accipere	annehmen, empfangen; aufnehmen
dē|cipiō	dēcēpī	dēceptum	dēcipere	täuschen
in|cipiō	coepī	coeptum/ inceptum	incipere	anfangen, beginnen
re|cipiō	recēpī	receptum	(sē) recipere	aufnehmen; zurücknehmen; (sich zurückziehen)
sus|cipiō	suscēpī	susceptum	suscipere	unternehmen; sich (*einer Sache*) annehmen; auf sich nehmen
5. faciō	fēcī	factum	facere	machen
af|ficiō	affēcī	affectum	afficere (*m. Abl.*)	versehen (*m. etw.*)
dē|ficiō	dēfēcī	dēfectum	dēficere	verlassen; ausgehen
inter|ficiō	interfēcī	interfectum	interficere	töten
per|ficiō	perfēcī	perfectum	perficere	ausführen; vollenden
6. fugiō	fūgī	–	fugere	fliehen
pro|fugiō	profūgī	–	profugere	Zuflucht suchen, sich flüchten
7. (iaciō)	iēcī	iactum	iacere	werfen)
prō|iciō	prōiēcī	prōiectum	prōicere	(nieder-, vor)werfen
trā|iciō	trāiēcī	trāiectum	trāicere	hinüberbringen, *über*setzen

Perfekt-Bildung durch Reduplikation

8. pariō	peperī	partum	parere	erwerben; gewinnen; hervorbringen

Sonderkonjugationen

VI₁

	ESSE			POSSE			IRE		
	Präsens	Imperfekt	Futur I	Präsens	Imperfekt	Futur I	Präsens	Imperfekt	Futur I
Indikativ	sum	eram	erō	possum	poteram	poterō	eō	ībam	ībō
	es	erās	eris	potes	poterās	poteris	īs	ībās	ībis
	est	erat	erit	potest	poterat	poterit	it	ībat	ībit
	sumus	erāmus	erimus	possumus	poterāmus	poterimus	īmus	ībāmus	ībimus
	estis	erātis	eritis	potestis	poterātis	poteritis	ītis	ībātis	ībitis
	sunt	erant	erunt	possunt	poterant	poterunt	eunt	ībant	ībunt
Konjunktiv	sim	essem		possim	possem		eam	īrem	
	sīs	essēs		possīs	possēs		eās	īrēs	
	sit	esset		possit	posset		eat	īret	
	sīmus	essēmus		possīmus	possēmus		eāmus	īrēmus	
	sītis	essētis		possītis	possētis		eātis	īrētis	
	sint	essent		possint	possent		eant	īrent	
Imperativ	Sg. es!	Pl. este!					Sg. ī!	Pl. īte!	
Partizip Präsens							iēns, euntis		

Perfekt: fu-ī

Perfekt: potu-ī

Perfekt: i-ī

Komposita von ESSE

VI₂

ab|sum	āfuī	abesse	abwesend sein, fehlen; entfernt sein
ad|sum	adfuī/affuī	adesse	anwesend sein, da sein; (*m. Dat.*) helfen
inter|sum	interfuī	interesse (*m. Dat.*)	teilnehmen (*an etw.*)
prae|sum	praefuī	praeesse (*m. Dat.*)	an der Spitze (*von etw.*) stehen, (*etw.*) leiten

Komposita von IRE

VI₃

ab|eō	abiī	abitum	abīre	(weg)gehen
ad|eō	adiī	aditum	adīre	hingehen; herantreten; ansprechen
ex|eō	exiī	–	exīre	hinausgehen
in|eō	iniī	initum	inīre	(hin)eingehen; beginnen
per|eō	periī	–	perīre	zugrunde gehen, umkommen
red|eō	rediī	reditum	redīre	zurückgehen, zurückkehren
trāns|eō	trānsiī	trānsitum	trānsīre	hinübergehen, herüberkommen; überschreiten

VI₄

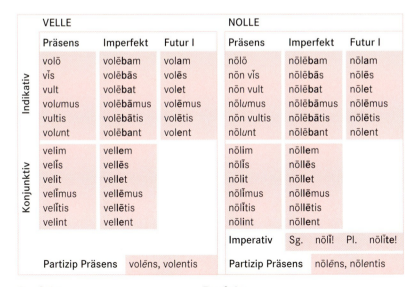

Perfekt

volu-ī

Perfekt

nōlu-ī

Tabellen

VI₅

	AKTIV FERRE			PASSIV FERRI		
	Präsens	Imperfekt	Futur I	Präsens	Imperfekt	Futur I
Indikativ	ferō	ferēbam	feram	feror	ferēbar	ferar
	fers	ferēbās	ferēs	ferris	ferēbāris	ferēris
	fert	ferēbat	feret	fertur	ferēbātur	ferētur
	ferimus	ferēbāmus	ferēmus	ferimur	ferēbāmur	ferēmur
	fertis	ferēbātis	ferētis	feriminī	ferēbāminī	ferēminī
	ferunt	ferēbant	ferent	feruntur	ferēbantur	ferentur
Konjunktiv	feram	ferrem		ferar	ferrer	
	ferās	ferrēs		ferāris	ferrēris	
	ferat	ferret		ferātur	ferrētur	
	ferāmus	ferrēmus		ferāmur	ferrēmur	
	ferātis	ferrētis		ferāminī	ferrēminī	
	ferant	ferrent		ferantur	ferrentur	
	Imperativ	Sg. fer!	Pl. ferte!			

Perfekt

tul-ī

Perfekt

lā-t-us, -a, (-um) sum

Nominalformen von FERRE

VI₆

Infinitiv	AKTIV	PASSIV	Partizip	AKTIV	PASSIV
Präsens	fer-re	fer-rī	Präsens	fer-ē-ns, -ntis	–
Perfekt	tul-isse	lā-t-um, -am, -um esse	Perfekt	–	lā-t-us, -a, -um

Komposita von FERRE

VI₇

af|ferō	attulī	allātum	afferre	(herbei)bringen; melden
cōn|ferō	contulī	collātum	cōnferre	zusammentragen, -bringen; -fassen
			sē cōnferre	sich begeben
dif|ferō	distulī	dīlātum	differre	aufschieben, verschieben; sich unterscheiden
ef|ferō	extulī	ēlātum	efferre	heraustragen; herausheben; hervorbringen
īn|ferō	intulī	illātum	īnferre	hineintragen; hinzufügen
of|ferō	obtulī	oblātum	offerre	entgegenbringen; anbieten
per|ferō	pertulī	perlātum	perferre	ertragen; (über)bringen
re|ferō	rettulī	relātum	referre	(zurück)bringen; berichten
(tollō)	sústulī	sublātum	(tollere)	hochheben; aufheben, beseitigen; vernichten

Formelhafte Verben

VI₈

Grußformeln:

Salvē!/Salvēte!   Valē!/Valēte!   Avē!

Sei/Seid gegrüßt! Hallo!   Leb/Lebt wohl!   Sei gegrüßt!

Präpositionen VII

Präposition	örtlich	zeitlich	übertragen
1. Präpositionen mit Genitiv			
causā *(nachgestellt)*	–	–	wegen, um … zu
2. Präpositionen mit Akkusativ			
ad	zu; zu … hin; an; bei	–	zu
ante	vor	vor	–
apud	bei; in der Nähe von	–	–
circum	um … herum; ringsum	–	–
contrā	–	–	gegen
inter	zwischen; unter	während	–
intrā	innerhalb	–	–
iūxtā	neben	–	–
ob	–	–	wegen
per	durch (… hindurch); über … hin	hindurch (lang)	durch; mithilfe
post	nach; hinter	nach	–
praeter	–	–	außer
trāns	über (… hinüber); jenseits	–	–
3. Präpositionen mit Ablativ			
ā/ab	von (… her), von … weg	von; seit	–
cum	mit	–	(zusammen) mit
dē	von; von … herab	–	von; über; in Bezug auf
ē/ex	(her)aus	von (… an)	entsprechend
prō	vor	–	für; anstelle (von)
sine	–	–	ohne
4. Präpositionen mit Akkusativ oder Ablativ			
in *(m. Akk.)*	in, an, auf; nach *(Frage: wohin?)*	–	gegen(über)
in *(m. Abl.)*	in, an, auf *(Frage: wo?)*	in; während	–
sub *(m. Akk.)*	unter *(Frage: wohin?)*	–	–
sub *(m. Abl.)*	unter *(Frage: wo?)*	–	–
super *(m. Akk.)*	über; oben auf *(Frage: wohin?)*	–	–
super *(m. Abl.)*	über; oben auf *(Frage: wo?)*	–	–

Satzverbindungen
Konjunktionen in der Satzreihe   VIII₁

atque, ac	und, und auch	
et	und; auch	
et … et	sowohl … als auch; einerseits … andererseits	
etiam	auch; sogar	*anreihend*
item	ebenfalls, ebenso	
neque	und … nicht; auch … nicht; aber … nicht	
neque … neque	weder … noch	
-que *(angehängt)*	und	
at	aber, (je)doch; dagegen	
autem *(nachgestellt)*	aber, (je)doch	*entgegensetzend*
sed	aber, (je)doch; sondern	
tamen	dennoch, trotzdem	
aut	oder	
aut … aut	entweder … oder	*ausschließend*
vel	oder	
ergō	also	
igitur	also, folglich	
itaque	deshalb, daher	*folgernd*
proinde	also; daher	
quā dē causā	daher, deshalb	
quam ob rem	daher, deshalb	
enim *(nachgestellt)*	denn, nämlich	*begründend*
nam	denn	

Subjunktionen im Satzgefüge

mit Indikativ		
cum	als; als plötzlich; (immer) wenn	Angabe der Zeit
dum (*m. Ind. Präs.*)	während	
postquam (*m. Ind. Perf.*)	nachdem	
priusquam	bevor; (nach verneintem Satz) bevor nicht	
ubī (*m. Ind. Perf.*)	sobald	
quod	weil	Angabe des beachteten Grundes
quia	weil	
quoniam	da … ja, wo … doch	
nisī	wenn nicht; außer	Angabe der Bedingung
sī	wenn; falls	
sīn	wenn aber	
etsī	auch wenn, obwohl	Angabe des nicht beachteten Grundes
quamquam	obwohl, obgleich	
quemadmodum	wie, auf welche Weise	Angabe des Vergleichs
ut	wie	
mit Konjunktiv		
cum	als, nachdem	Angabe der Zeit
cum	da, weil	Angabe des beachteten Grundes
cum	obwohl	Angabe des nicht beachteten Grundes
ut	dass, damit	Angabe des Wunsches/ Zwecks
nē	dass/damit nicht	
nē	dass	(nach Verben des Fürchtens)
ut (nōn)	(so)dass (nicht)	Angabe der Folge
tamquam	wie; wie wenn, als ob	Angabe des Vergleichs
nisī	wenn nicht	Angabe der Bedingung (im Irrealis)
sī	wenn; falls	

Negationen IX

nōn/haud	nicht	nōn iam	nicht mehr
nēmō	niemand	nōndum	noch nicht
nūllus, -a, -um	kein	numquam	niemals
nihil	nichts	neque...neque	weder...noch
neque	und...nicht; auch...nicht; aber...nicht		

Mehrdeutige Satzeinleitungen X

CUM	als, nachdem (*m. Konj.*)	*Angabe der Zeit*
	da, weil (*m. Konj.*)	*Angabe des beachteten Grundes*
	obwohl (*m. Konj.*)	*Angabe des nicht beachteten Grundes*
	als; als plötzlich (*m. Ind.*)	*Angabe der Zeit*
	(immer) wenn (*m. Ind.*)	*Angabe der Zeit*
UT	dass, damit (*m. Konj.*)	*Angabe des Wunsches/der Absicht*
	(so)dass (*m. Konj.*)	*Angabe der Folge*
	wie (*m. Ind.*)	*Angabe des Vergleichs*
NE	dass/damit nicht (*m. Konj.*)	*Angabe des Wunsches/der Absicht*
	dass (*m. Konj., nach Ausdrücken des Fürchtens*)	*Angabe des Wunsches*
UBI	wo?	*Einleitung eines Fragesatzes*
	sobald (*m. Ind. Perf.*)	*Angabe der Zeit*
QUAM	wie; wie sehr	*Einleitung eines Fragesatzes*
	die/welche	*Einleitung eines Relativsatzes*
	diese	*relativischer Satzanschluss*
QUI	wie?	*Einleitung eines Fragesatzes*
	der/welcher; die/welche	*Einleitung eines Relativsatzes*
	dieser; diese	*relativischer Satzanschluss*
QUO	wohin?	*Einleitung eines Fragesatzes*
	durch den/durch welchen	*Einleitung eines Relativsatzes*
	durch diesen	*relativischer Satzanschluss*

Satzglieder im Satzmodell XI

Im Bau des Satzes verbinden sich insgesamt **fünf Bauteile (Satzglieder)** zu einer Aussageeinheit. Die **Rolle eines Satzgliedes** können **verschiedene Wortarten** oder **Konstruktionen** übernehmen. Bisher hast du folgende kennen gelernt:

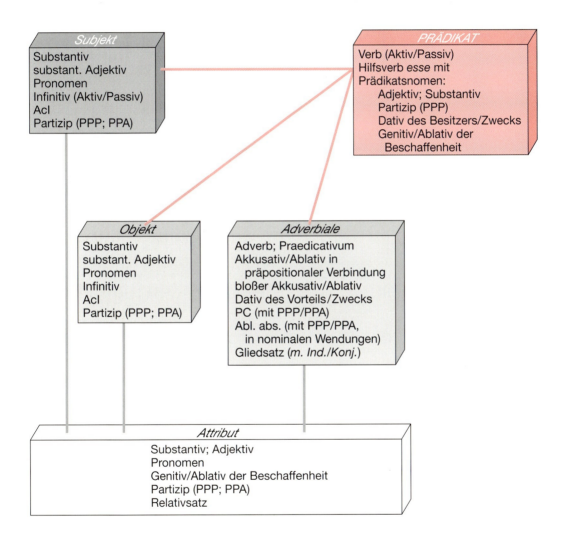

Sachverzeichnis

GrG = Grammatische Grundbegriffe, S. 6; G 21 ff. S/F = Grammatische Erklärungstafel (jeweils dem Kapitel vorangestellt);
G = Grammatikkapitel; T = Textarbeit, S. 56 ff.; SZ = Syntaxzusammenfassung 1–20, S. 60 ff.; Tab. = Tabellenteil, S. 63 ff.

Ablativ GrG F 2.1
    der Beschaffenheit G 21, 2
    des Mittels/der Begleitung SZ 1.5
    des Ortes/der Zeit SZ 1.4
    der Trennung SZ 1.6
Ablativus absolutus (Abl. abs.)
    beim PPA G 35 S_1; G 35, 1
    beim PPP G 34 S; G 34, 1
    in nominalen Wendungen G 35 S_2;
    G 35, 2
    Übersetzungsmöglichkeiten
        beim PPA G 35, 1.3
        beim PPP G 34, 1.3
    Übersetzungsweg
        beim PPA G 35, 1.2
        beim PPP G 34, 1.2
    Zusammenfassung beim PPA und
    PPP G 36, 1
Absichtssatz → Finalsatz
AcI (Accusativus cum Infinitivo) SZ 3.2
    mit Infinitiv Perfekt Passiv (vorzeitiges Zeitverhältnis) G 26, 2.2
    mit Infinitiv Präsens Passiv (gleichzeitiges Zeitverhältnis) G 26, 2.2
Adjektiv GrG F 1.1; Tab. $I_{4/5}$
    Bildung zu Adverb G 22 F;
    G 22, 1.1/1.2
    PPA wie Adjektiv dekliniert G 28, 1.1
Adverb GrG F 1.2
    Bildung G 22, 1.2
Adverbiale GrG S 4
    Abl. abs. als Adverbiale G 34 S; G 35 $S_{1/2}$
    Adverb als Adverbiale G 22 S
    PC als Adverbiale G 25 S_2;
    G 25, 2; G 28 S_2; G 28, 3
Akkusativ GrG F 2.1
    Doppelter Akkusativ G 26, 3
    zur Angabe der Richtung SZ 1.2
    zur Angabe der zeitlichen Ausdehnung SZ 1.3
Aktiv GrG F 2.2
Artikel GrG F 1.1
Attribut GrG S
    Genitiv/Ablativ der Beschaffenheit
    als Attribut G 21.2
    PPA als Attribut G 28 S_1, G 28, 2.1
    PPP als Attribut G 25 S_1, G 25, 1.1

Bedeutungsteil G 21 F; G 22 F; G 23 F;
    G 24 $F_{1/2}$; G 26 F; G 27 F; G 28, 1.1;
    G 30 $F_{1/2}$; G 31 $F_{1/2}$; G 31, 1.1/2.1;
    G 33, 1.1

Bedingungssatz → Konditionalsatz
Begehrsatz G 29, 2
Beigeordneter Satz SZ 4.1
Beiordnung G 25, 2.3; G 28, 3.3; G 34, 1.3;
    G 35, 1.3

CUM
    mehrdeutiges G 30 S; G 30, 3

Dativ GrG F 2.1
    des Besitzers SZ 1.1
    des Vorteils/Zwecks G 34, 2
Deklination
    ā-/o-Dekl. Tab. I_1
    ē-Dekl. G 21 F; G 21, 1.1/1.2; Tab. I_3
    Kons. Dekl. Tab. $I_{1/2/5}$
    u-Dekl. G 27 F; G 27, 1.1/1.2;
    Tab. I_3
Deklinationsschema (vollständig)
    der ē-Dekl. G 21, 1.2; Tab. I_3
    der u-Dekl. G 27, 1.2; Tab. I_3
    des PPA G 28, 1.2
Demonstrativ-Pronomen GrG F 1.1
    HIC, HAEC, HOC G 22, 2; Tab. II_3
    IILE, ILLA, ILLUD G 27, 2; Tab. II_3
    IPSE, IPSA, IPSUM G 36, 2; Tab. II_3
    IS, EA, ID Tab. II_3
Dramatisches Präsens G 26, 4; T 2, 3

Einordnung G 25, 2.3; G 28, 3.3; G 34, 1.3;
    G 35, 1.3
Endung → Signalteil

Femininum GrG F 2.1
    ē-Dekl. G 21, 1.1
FERRE
    Komposita Tab. VI_7
    Konjugation G 33, 1; Tab. VI_5
    Nominalformen Tab. VI_6
    Stammformen G 33 F; G 33, 1.1
Finalsatz G 29, 2
Folgesatz → Konsekutivsatz
Fragesatz → Interrogativsatz

Genitiv GrG F 2.1
    der Beschaffenheit G 21, 2
    zur Angabe des Subjekts/Objekts
    G 23, 3
    Genitivus subiectivus/obiectivus
    G 23, 3
Geschehenshintergrund T 2, 3
Geschehensvordergrund T 2, 3

Gleichzeitigkeit
    beim Abl. abs. G 35, 1
    beim AcI SZ 3.2
    beim AcI mit Infinitiv Präsens Passiv
    G 26, 2.2
    beim PC G 28, 3
    beim Partizip (Zusammenfassung)
    G 36, 1
    im konjunktivischen Gliedsatz
    G 30, 2.3
    Infinitiv der G 26, 2.2; SZ 3.2
    Konjunktiv I der G 30, 2.3
    Konjunktiv II der G 31, 2.3; G 32 S;
    G 32, 1
    Partizip der G 28, 3.1/3.3;
    G 35, 1.1/1.3; G 36, 1
Gliedsätze SZ 4.2
    konjunktivische G 29, 2

Imperativ GrG F 2.2
    Imperativ Sg. von FERRE (FER!)
    G 33, 1.2
Indikativ GrG F 2.2
    Präsens/Imperfekt/Futur I Aktiv
    Tab. IV_1; Tab. $VI_{1, 4/5}$
    Präsens/Imperfekt/Futur I Passiv
    G 26, 1.2; Tab. IV_2
    Perfekt/Plusquamperfekt/Futur II
    Aktiv Tab. IV_3
    Perfekt/Plusquamperfekt/Futur II
    Passiv G 23, 2.2, G 24, 1.2; G 24, 2.2;
    Tab. IV_4
Indirekter Interrogativsatz
    G 29, 2
Infinitiv GrG F 2.2
    Präsens Aktiv Tab. $IV_{1/5}$; Tab. VI_6
    Präsens Passiv G 26, 2; Tab. $IV_{2/5}$;
    Tab. VI_6
    Perfekt Aktiv Tab. $IV_{3/5}$; Tab. VI_6
    Perfekt Passiv G 23, 2; G 26, 2.2;
    Tab. $IV_{4/5}$
    als Subjekt oder Objekt SZ 3.1
    der Gleichzeitigkeit G 26, 2.2; SZ 3.2
    der Vorzeitigkeit G 26, 2.2; SZ 3.2
Interjektion GrG F 1.2
Interrogativ-Pronomen GrG F 1.1
    adjektivisches QUI, QUAE, QUOD
    G 28, 4; Tab. II_5
    QUIS? QUID? Tab. II_5
Interrogativsatz SZ 5; G 29, 2
Irrealis G 32 S
    der Gegenwart G 32 S; G 32, 1

Sachverzeichnis

der Vergangenheit G 32 S; G 32, 2
    der Gegenwart/Vergangenheit
    vermischt G 32, 2

Kasus GrG F 2.1
    der ē-Dekl. G 21, 1.2; Tab. I$_3$
    der u-Dekl. G 27, 1.2; Tab. I$_3$
Kasusfunktionen SZ 1
Kennvokal
    ē-Dekl. G 21 F; G 21, 1.1; Tab. I$_3$
    u-Dekl. G 27 F; G 27, 1.1; Tab. I$_3$
KNG-Kongruenz G 22, 2.2; G 25 S$_2$;
    G 25, 1.1; G 25, 2.1; G 28, S$_2$; G 28, 2.1;
    G 28, 3.1; G 28, 4.2
Kohärenz T 1/2
Konditionalsätze G 32 S; G 32, 1/2
Konjugationsschema (vollständig)
    Indikativ Präsens Passiv G 26 1.2;
    Tab. IV$_2$
    Indikativ Imperfekt Passiv G 26 1.2;
    Tab. IV$_2$
    Indikativ Futur I Passiv G 26 1.2;
    Tab. IV$_2$
    Konjunktiv Präsens Aktiv G 29, 1.2;
    Tab. IV$_1$
    Konjunktiv Perfekt Aktiv G 30, 1.2;
    Tab. IV$_3$
    Konjunktiv Präsens/Perfekt Passiv
    G 30, 2.1/2.2; Tab. IV$_{2/4}$
    Konjunktiv Imperfekt Aktiv/Passiv
    G 31, 1.2; Tab. IV$_{1/2}$
    Konjunktiv Plusquamperfekt
    Aktiv/Passiv G 31, 2.1/2.2; Tab. IV$_{3/4}$
    FERRE G 33, 1.2; Tab. VI$_5$
Konjunktionen GrG F 1.2; Tab. VIII$_1$
Konjunktiv GrG F 2.2
    Präsens Aktiv G 29 F, G 29, 1; Tab. IV$_1$;
    Tab. VI$_{1/4/5}$
    Präsens Passiv G 30, 2.1; Tab. IV$_2$
    Perfekt Aktiv/Passiv G 30 F$_{1/2}$;
    G 30, 1/G 30, 2/2.2; Tab. IV$_{3/4}$
    Imperfekt Aktiv/Passiv G 31 F$_1$;
    G 31, 1; Tab. IV$_{1/2}$
    Plusquamperfekt Aktiv/Passiv
    G 31 F$_{2/3}$; G 31, 2; Tab. IV$_{3/4}$
    in Gliedsätzen G 29 S; G 29, 1/2;
    G 30 S; G 30, 3
    Imperfekt im Irrealis der Gegenwart
    G 32 S; G 32, 1
    Plusquamperfekt im Irrealis der
    Vergangenheit G 32 S; G 32, 2
    Konjunktiv I/II der Gleichzeitigkeit
    G 30, 2.3/G 31, 2.3; G 32, 1
    Konjunktiv I/II der Vorzeitigkeit
    G 30, 2.3/G 31, 2.3; G 32, 2
    Konjunktiv II (im Deutschen) bei
    Irrealis G 32 S; G 32, 1/2

Konnektoren T 2, 1
Konsekutivsatz G 29, 2
Leitwörter/Leitbegriffe T 2, 4

Maskulinum GrG F 2.1
    u-Dekl. G 27, 1.1
Mehrdeutige Satzeinleitungen Tab. X
Mehrgliedriges Satzgefüge G 31 S;
    G 31, 3
Modus GrG F 2.2; G 29 S
Modus-Zeichen für Konjunktiv G 29 F;
    G 30 F$_1$; G 30, 1.1; G 31 F$_{1/2}$; G 31, 1.1;
    G 31, 2.1

NE G 29, 2; Tab. VIII$_2$; Tab. X
    nach Ausdrücken des Fürchtens
    G 35, 3
Negationen Tab. IX
Nominalformen
    des Verbs Tab. IV$_5$
    von FERRE Tab. VI$_6$

Objekt GrG S
    Infinitiv als Objekt SZ 3.1
    PPA als Objekt G 28 2.2
    PPP als Objekt G 25 1.2

Participium coniunctum (PC)
    beim PPA G 28 S$_2$; G 28, 3.1–3.3
    beim PPP G 25 S$_2$; G 25, 2.1–2.3
    Übersetzungsmöglichkeiten
        PPA G 28, 3.3
        PPP G 25, 2.3
    Übersetzungsweg
        PPA G 28, 3.2
        PPP G 25, 2.2
Partizip GrG F 2.2
    Präsens Aktiv (PPA) G 28 S$_{1/2}$; G 28, 1;
    Tab. IV$_5$
    Perfekt Passiv (PPP) G 23 F; G 23, 1;
    G 24 F$_{1/2}$; G 24, 1; G 24, 2; G 25 S$_{1/2}$;
    Tab. IV$_5$
    Präsens Aktiv (PPA) als
    Adverbiale
        Abl. abs. G 35 S$_1$; G 35, 1
        PC G 28 S$_2$; G 28, 3
    Präsens Aktiv (PPA) als Attribut
    G 28 S$_1$; G 28, 2.1
    Präsens Aktiv (PPA) als Subjekt/
    Objekt G 28, 2.2
    Perfekt Passiv (PPP) als Adverbiale
        Abl. abs. G 34 S; G 34, 1
        PC G 25 S$_2$; G 25, 2
    Perfekt Passiv (PPP) als Attribut
    G 25 S$_1$; G 25, 1.1
    Perfekt Passiv (PPP) als Subjekt/
    Objekt G 25, 1.2

der Gleichzeitigkeit G 28, 3.1/3.3;
    G 35, 1.1/1.3; G 36, 1
der Vorzeitigkeit G 25, 2.1/2.3;
    G 34, 1.1/1.3; G 36, 1
Passiv GrG F 2.2
    Person-Zeichen G 26, 1.1
    Indikativ Präsens G 26 F; G 26, 1;
    Tab. IV$_2$
    Konjunktiv Präsens G 30, 2.1; Tab. IV$_2$
    Indikativ Imperfekt G 26, 1.2; Tab. IV$_2$
    Konjunktiv Imperfekt G 31 F$_1$;
    G 31, 1.2; Tab. IV$_2$
    Indikativ Futur I G 26, 1.2; Tab. IV$_2$
    Indikativ Perfekt G 23 F; G 23, 2;
    Tab. IV$_4$
    Konjunktiv Perfekt G 30 F$_2$; G 30, 2.2;
    Tab. IV$_4$
    Indikativ Plusquamperfekt G 24 F$_1$;
    G 24, 1; Tab. IV$_4$
    Indikativ Futur II G 24 F$_2$; G 24, 2;
    Tab. IV$_4$
    Infinitiv Präsens/Perfekt G 26, 2.1/2.2;
    Tab. IV$_5$
    Präsens, besondere Übersetzung
    G 26, 1.3
Periode → Mehrgliedriges Satzgefüge
Personal-Pronomen GrG F 1.1;
    Tab. II$_1$
Personen-Verteilung T 2, 2
Possessiv-Pronomen GrG F 1:1;
    Tab. II$_2$
Praedicativum SZ 2.2
Prädikatsnomen SZ 2.1
Präpositionale Verbindung
    (Übersetzung von PC, Abl. abs., in
    nominalen Wendungen) G 25 2.2/2.3;
    G 28, 3.2/3.3; G 34, 1.2/1.3;
    G 35, 1.2/1.3/2
Präpositionen Tab. VII
Präsens GrG F 2.2
    Dramatisches Präsens G 26, 4; T 2, 3
Pronomen GrG 1.1; Tab. II$_{1-5}$
    Demonstrativ- → dort
    Interrogativ- → dort
    Personal- → dort
    Possessiv- → dort
    Reflexiv- → dort
    Relativ- → dort

Reflexiv-Pronomen GrG F 1.1;
    Tab. II$_1$
Relativ-Pronomen GrG F 1.1; G 24, 3;
    Tab. II$_4$
Relativischer Satzanschluss G 24, 3
Relativsatz SZ 6

Sach- und Bedeutungsfelder T 2, 4

87

Sachverzeichnis

Satzgefüge SZ 4.2
    mit konjunktivischen Gliedsätzen G 30 S
    mehrgliedriges G 31 S; G 31, 3
Satzglieder Tab. XI
Satzmodell Tab. XI
Satzreihe SZ 4.1
SI G 32 S; G 32, 1/2; Tab. VIII$_2$
Signalteil G 21 F; G 22 F; G 23 F; G 24 F 1/2; G 26 F; G 27 F; G 28, 1.1; G 31, 1.1/2.1; G 33, 1.1
Sinnrichtungen
    beim Abl. abs. (Zusammenfassung) G 36, 1
    beim Abl. abs. mit PPA G 35, 1.1/1.3
    beim Abl. abs. mit PPP G 34, 1.1/1.3
    beim PC mit PPA G 28, 3.1/3.3
    beim PC mit PPP G 25, 2.1/2.3
    in konjunktivischen Gliedsätzen G 30 S
    bei mehrdeutigem CUM G 30, 3
Stammformen aller Verben Tab. V$_{1-5}$
Stammformen-Reihe G 23, 1.2
Subjekt GrG S
    Infinitiv als Subjekt SZ 3.1
    PPA als Subjekt G 28, 2.2
    PPP als Subjekt G 25, 1.2

Subjunktionen GrG F 1.2; Tab. VIII$_2$
    in konjunktivischen Gliedsätzen G 29 S; G 29, 2; G 30 S; G 30, 3; Tab. VIII$_2$
    mehrdeutiges CUM G 30 S; G 30, 3; Tab. VIII$_2$
Substantiv GrG F 1.1
    PPA als Substantiv G 28, 2.2
    PPP als Substantiv G 25, 1.2

Täter der Handlung (ā/ab *mit Abl.* bei Passiv) G 23, 2.3
Tempus-Verwendung T 2, 3
Textarbeit T 1/2
Textaufbauende Elemente T 2

Übersetzungsmöglichkeiten
    des Abl. abs. G 34, 1.2/1.3; G 35, 1.2/1.3/2
    des PC G 25, 2.2/2.3; G 28, 3.2/3.3
Übersetzungsweg
    Abl. abs. G 34, 1.2; G 35, 1.2
    PC G 25, 2.2; G 28, 3.2
Untergeordneter Satz SZ 4.2
Unterordnung G 25, 2.3; G 28, 3.3; G 34, 1.3; G 35, 1.3
UT G 29 S; G 29, 2; Tab. VIII$_2$; Tab. X

Verweiswörter T 2, 5
Vorzeitigkeit
    beim Abl. abs. G 34. 1; G 36, 1
    beim AcI SZ 3.2
    beim AcI mit Infinitiv Perfekt Passiv G 23, 2.3; G 26, 2.2
    beim PC G 25, 2.1/2.2/2.3
    im konjunktivischen Gliedsatz G 31, 2.3
    Infinitiv der G 26, 2.2; SZ 3.2
    Konjunktiv I der G 30, 2.3
    Konjunktiv II der G 31, 2.3; G 32 S; G 32, 2
    Partizip der G 25, 2.1/2.3; G 34, 1.1/1.3; G 36, 1

Zeitverhältnisse
    beim Abl. abs.
        mit PPA G 35, 1.1; G 36, 1
        mit PPP G 34, 1.1; G 36, 1
    beim PC
        mit PPA G 28, 3.1
        mit PPP G 25, 2.1
    im konjunktivischen Gliedsatz
        Präsens/Perfekt G 30, 2.3
        Imperfekt/Plusquamperfekt G 31, 2.3